천재의 공부법

Genius means hard work

TENSAI NO BENKYO-JUTSU
by Buichi Kihara
Copyright©1994 by Buichi Kihara All rights reserved.
Original Japanese edition published by Shinchosha Co.
Korean translation rights arranged with Shinchosha Co.
through Japan Foreign-Rights Centre and Impriam Korea Agency
Korean translation copyright© 2003 by Book Publishing-
CHUNGEORAM

본 저작물의 한국어판 저작권은 Japan Foreign-Rights Centre와 Impriam Korea Agency를 통해 Shinchosha Co.와의 독점 계약으로 도서출판 청어람이 소유합니다.
저작권 법에 의해 한국 내에서 보호를 받는 저작물이므로 무단 전재와 무단 복제를 금합니다.

천재의 공부법

Genius means hard work

천재의 공부법

초판 1쇄 찍은 날 § 2004년 4월 22일
초판 1쇄 펴낸 날 § 2004년 4월 30일

지은이 § 기하라 부이치
옮긴이 § 박여빈
펴낸이 § 서경석

편집장 § 문혜영
본문 편집 및 디자인 § 김희정 · 김민정
마케팅 § 정필 · 강양원 · 이선구 · 홍현경

펴낸곳 § 도서출판 청어람
등록번호 § 제1081-1-89호
등록일자 § 1999. 5. 31
어람번호 § 제3-0026호

주소 § 경기도 부천시 원미구 심곡1동 350-1 남성B/D 3F (우) 420-011
전화 § 032-656-4452   팩스 § 032-656-4453
http://www.chungeoram.com
E-mail § eoram99@chollian.net

ⓒ 기하라 부이치, 2004

ISBN 89-5831-083-9   03830

※ 파본은 본사나 구입하신 서점에서 교환하여 드립니다.
※ 저자와 협의하여 인지를 붙이지 않습니다.

천재는 유한, 노력은 무한,
위인에게는 이런 비결이 있었다!

프롤로그 / 8

1장 소년의 천재 모차르트 / 13

2장 초인적 집중력의 소유자 뉴턴 / 37

3장 여성 편력을 통해 배운 시인 괴테 / 63

4장 독서의 황제 나폴레옹 / 93

5장 조숙한 아이 다윈 / 123

6장 수상이 된 낙제생 처칠 / 151

7장 변신의 귀재 화가 피카소 / 179

8장 웃음의 예술가 채플린 / 209

9장 세도를 돌아다닌 만물상 히라가 겐나이 / 245

에필로그 / 284

천재는 학습의 산물

인간의 생애는 사물을 배워가는 끝없는 여정이다. 이 세상에 태어난 순간부터, 아니, 그 이전 어머니의 태내에서부터 이미 학습은 시작된다. 또 죽음의 문턱에서 병마에게 무언가를 배우려는 사람도 있다.

인간은 세상에 태어난 직후부터 몇 년간 가장 뛰어난 학습 능력을 발휘한다. 이 시기에는 자나 깨나 학습의 연속이다. 물론 성장하면서 그런 일들은 완전히 잊혀진다.

그러나 아이를 키워보면 인간이 생애 초기에 얼마나 학습 의욕에 불타며 기적 같은 능력을 발휘하는지 잘 알 수 있다. 그 무엇보다 아이들은 호모 사피엔스가 이룬 것 가운데 가장 복잡하다는 언어를 순식간에 습득한다. 따라서 어린아이가 말을 하는 것은 결코 본능에 의해서가 아니다. 그들은 학습을 통해 말을 배우며 주어진 상황에 따라 전 세계 어떤 언어도 습득할 수 있다.

인간은 유아기의 언어 습득을 출발점으로 유년기에서 청년기, 중년기에서 노년기 전 생애에 걸쳐 학습한다. 물론 가정이나 학교에서 하는 공부 외에도 배울 것은 얼마든지 있다. 제대로 된 인간으로 성장하려면 주어진 상황에 적응하며 반드시 무언가를 배워야 한다.

또한 학습 능력이 있다는 것은 고등 생물이라는 증거이기도 하다. 물론 고양이나 개도 학습 능력은 있다. 그러나 그들은 비교적 이른 시기에 학습에서 해방된다. 인간이 그들과 다른 점은 좀처럼 학습에서 해방될 수 없고 살아 있는 한 학습에서 해방되는 일은 불가능하다는 것이다.

그러나 다시 생각하면 무언가를 계속 배워야 한다는 사실은 그만큼 미숙하다는 증거가 아닐까? 지금까지 지구상에 나타난 인류 가운데 완전한 인간이 단 한 사람이라도 있었을까? 아마도 모든 것을 완전히 갖춘 인간은 없을 것이다.

인간은 태어나서 죽을 때까지 미숙한 상태로 머물며 끊임없이 무언가를 배운다. 그런데 아무리 많이 배워도 여전히 미숙한 상태를 벗어나지 못하는 이유는 무엇일까? 그것은 인간이 사회라는 계속 변화하는 불완전한 것을 만들었기 때문이다. 만약 '완전 불변' 사회가 실현되면 인간은 노력할 것도 배울 것도 없겠지만 그런 사회는 천 년이 지나도 나타나지 않을 것이 분명하다.

　미숙한 인간은 불완전한 사회에서 셀 수 없이 많은 세대에 걸쳐 살아왔다. 그럼에도 무언가를 계속 배우는 일에 싫증이 나지 않은 이유는 무엇일까?

　해답은 단 하나, 배우는 일이 참을 수 없이 즐겁기 때문이다. 여기서 말하는 배움은 학교 수업이나 독서만을 가리키지 않는다. 배움은 새로운 것을 알고 새로운 능력을 습득하는 일이며 더 나아가 새로운 지식과 능력의 깊이를 더하는 것이다. 아마도 인간이 맛보는 감동과 즐거움의 대부분은 이런 일련의 과정에서 연유할 것이다.

　그러한 학습의 즐거움을 가장 잘 아는 사람을 일컬어 이른바 '천재'라고 부른다. 천재의 탄생 배경이 무엇인지는 알 수 없지만 한 가지 분명한 점은 천재는 유년기에 충분히 학습의 즐거움을 맛본다는 것이다. 적어도 천재는 학습의 즐거움을 체험한 사람들 가운데서만 나온다.

　한편 천재의 재능은 무언가를 배우는 재능 이상은 아니다. 천재는 보통 사람들과 동떨어진 비밀스러운 능력이 있는 사람이 아니다. 그들은 누구에게나 있는 학습 능력을 정해진 대상에 집중적으로 발휘하는 사람일 뿐이다.

일반적으로 천재는 선천적으로 뛰어난 능력이 있는 사람으로 알려져 있다. 과연 그것이 사실일까? 감히 나는 천재란 학습의 산물이라는 가설을 설정해 본다.

나는 천재라 불리는 사람들 더 넓게는 과거에 뛰어난 업적을 이룩한 사람들의 생활 방식과 학습법, 일하는 스타일 등의 검증을 통해 그 비법을 찾아내려고 한다. 정도의 차이는 있겠지만 천재들에게만 있는 것이 아니라 극히 평범한 사람들에게도 그 비법이 있다는 것을 밝히고자 한다. 그것이 바로 이 책을 쓴 의도라 할 수 있다.

모방의 천재 모차르트

먼저 1991년에 사후 200주년을 맞아 또다시 전 세계 클래식 음악 팬들의 귀를 즐겁게 한 작곡가 볼프강 아마데우스 모차르트(Wolfgang Amadeus Mozart : 1756~1791)를 살펴보자.

열 살에 신동이 되고 죽을 때까지 천재였다

모차르트하면 누구나 '신동'이나 '천재'라는 말을 떠올린다.

말할 필요도 없이 모차르트는 신동이었으며 아주 어릴 때부터 나이에 걸맞지 않은 뛰어난 재능을 발휘한 인물임에 틀림없다. 잘 알려진 것처럼 그는 세 살 때부터 피아노를 치기 시작했고 네 살 때는 복잡한 곡을 단시간에 외워 연주했으며 다섯 살 때는 이미 작곡을 시작했다. 그리고 일곱 살 때 유럽 각지를 여행하며 사람들이 요청하는 곡을 완벽히 연주해 그들을 놀라게 했고 열두 살 때는 오페라를 작곡했다.

이처럼 조숙한 신동은 서양 음악사에서도 그 예를 찾기 힘들다. 열 살 신동도 스무 살만 지나면 보통 사람이라는 말이 있다. 모차르트에게도 그 엄청난 재능을 과연 얼마나 발휘할 수 있을까 하는 우려가 있었다. 그러나 스무 살이 넘어서도 그의 재능은 쇠퇴하지 않았고 오히려 나이가 들수록 음악의 깊이를 더해 갔다.

모차르트는 일회성 신동이 아니라 아주 어린 시절 몇 년을 제외하고 일생 동안 재능을 충분히 발휘하고 더욱 발전시킨 음악가였다. 열 살 때는 신동이었고 스무 살 때는 천재, 서른이 넘어서는 천재의 경지를 초월했다고 해도 과언이 아니다.

그는 어느 편지에 그림 한 장처럼 음악이 눈앞에 펼쳐지고 그것을 악보에 옮기면 교향곡 하나가 완성된다고 썼다. 그의 머리와 가슴속에서 샘물 같은 음악이 용솟음쳐 그는 그것을 퍼 올리기만 하면 되었는지도 모른다. 모차르트의 많은 팬들이 그의 음악의 독특한 울림은 아무도 흉내 낼 수 없다고 말하듯 나 역시 오랫동안 그렇게 생각했다.

그러던 어느 날 나는 독창적인 천재 음악가 모차르트의 이미지를 다시 생각할 수밖에 없는 충격적인 체험을 했다.

모차르트가 표절을?

모차르트 사후 200주년인 탓에 거의 날마다 라디오에서 모차르트 음악이 방송되던 어느 날 FM 방송에서 흘러나오는 음악을 듣던 나는 내 귀를 의심하며 그 자리에서 벌떡 일어났다. 세상에 스피커에서 모차르트의 마지막 작품 『레퀴엠 A 마이너(K626)』와 너무 비슷한 곡이 흘러나오는 것이 아닌가.

『레퀴엠』은 모차르트 작품 가운데 내가 가장 좋아하는 곡이다. 나는 지금까지 『레퀴엠』을 다양한 연주자들의 수많은 연주로 들어왔기에—개인적으로 브루노 월터가 지휘하는 뉴욕 필 연주가 가장 마음에 든다—곡의 구석구석까지 뇌리에 새겨져 있다.

또한 이 곡은 일반적으로 모차르트의 최고 걸작 가운데 하나로 널리 알려진 명곡이다. 클래식 음악을 좋아하는 사람이라면 적어도 한 번쯤은 들어봤음직한 곡이며 한 번만 들어도 그 압도적인 박력과 한없는 비애에 빠진 듯한 선율을 잊지 못한다.

나를 비롯한 대부분의 모차르트 팬들은 뭐니 뭐니 해도 이 곡만큼은 모차르트 외에 그 누구도 만들지 못하며 모차르트로 말미암아 처음으로 세상에 나온 것이라 생각했다. 『레퀴엠』이 작곡가 모차르트의 개성과 창조력이 여실히 드러난 명작이라는 점은 말할 필요도 없었다.

그런데 이 명곡과 너무나 유사한 곡이 존재하는 것이 아닌가. 라디오에서 흐르던 음악이 끝나고 진행자가 작곡자와 곡명을 알렸다. 미하엘 하이든 작곡 『레퀴엠 C 마이너』였다.

요셉 하이든이라면 초등학생도 알지만 미하엘 하이든이라는 음악가는 처음 들었다. 곧바로 백과사전을 펼쳐 보니 그 유명한 요셉 하이든의 동생으로 1737년에 태어나 모차르트보다 열아홉 살 연상이었고 1806년 세상을 떠났다. 그리고 내가 라디오에서 들은 『레퀴엠』이 1771년에 작곡한 곡임을 알았다.

모차르트가 그 곡을 작곡한 때는 1791년이었다. 그러니까 미하엘 하이든의 『레퀴엠』은 모차르트의 『레퀴엠』보다 20년 전에 만들어진 것이다.

표절이라는 말이 순간 내 뇌리를 스치고 차용, 모방, 흉내 등 일련의 단어들이 차례로 떠올랐다.

대체 천재 모차르트가 '표절' 따위를 했다고 누가 상상이나 했겠는가.

완전히 같은 멜로디

모차르트 팬이라면 누구나 잘 아는 것처럼 『레퀴엠』의 완성에는 몇 가지 복잡한 사정이 있었다.

모차르트가 세상을 떠나기 5개월쯤 전에 한 낯선 남자가 찾아와 레퀴엠(죽은 자의 명복을 비는 진혼곡) 작곡을 의뢰했다. 나중에 알게 된 사실이지만 음악을 좋아하는 어떤 백작이 죽은 부인을 위해 자신이 직접 작곡한 것처럼 하여 레퀴엠을 연주하려고 모차르트에게 작곡을 의뢰했다고 한다.

그 이전에도 백작은 다른 사람에게 의뢰해 만든 곡을 자신의 작품으로 속여 연주한 적이 있었다. 곡을 주문받은 모차르트는 작업을 시작했으나 다른 일 때문에 곧 중단되었다. 그리고 그 후 그는 모차르트는 병에 걸려 곡을 완성하지 못한 채 죽고 말았다. 모차르트 사후에 그의 제자 쥐스마이어가 모차르트가 남긴 단편적인 악보와 메모를 토대로 곡을 완성했다. 그것이 바로 『레퀴엠』이다.

현재 우리가 알고 있는 모차르트 『레퀴엠』은 연주자에 따라 다소 다르기는 하나 연주 시간이 약 50분 정도 된다. 여기서 모차르트가 작곡한 것은 곡의 첫 부분으로 시간으로 따진다면 단 몇 분에 지나지 않는다.

전반부는 주요 선율을 기록한 스케치도 남아 있다. 결국 제자의 손을 거치기는 했지만 모차르트가 작곡했다고 할 수 있는 부분은 전반부뿐이며 곡의 부분 명칭으로 말하면 '라크리모사(흐르는 눈물)'의 중간까지다. 무엇보다 중요한 사실은 곡의 후반부에 들어서면 모차르트다움이 갑자기 사라져 버린다는 것이다.

나는 언제나 전반부까지만 듣는다. 그런데 미하엘 하이든의 『레퀴엠』과 비슷한 부분도 바로 모차르트의 악상이 살아 있는 전반부이다. 따라서 제자인 쥐스마이어가 주문 날짜를 맞추려고 미하엘 하이든의 곡을 차용했을 리는 없다.

나는 모차르트와 미하엘 하이든의 『레퀴엠』이 과연 얼마나 비슷한지 내 귀로 다시 한 번 확실히 들어보고 싶은 마음에 미하엘 하이든의 『레퀴엠 C 마이너』가 수록된 CD를 찾아 곧장 주문했다. 그런데 며칠 후, 수입한 그 CD는 품절이며 현재는 다시 수입할 예정이 없다는 연락이 왔다.

CD에 수록되고 라디오에 방송될 정도면 미하엘 하이든의 『레퀴엠』을 들은 사람도 적지 않다는 말이다. 일단 한 번 들은 사람이라면 모차르트의 곡과 유사하다고 느꼈을 것이다. 그래서 음악학자도 이미 이런 사실을 알고 있을 것이라 생각하고 다양한 모차르트 연구서를 펼쳐 보았다. 그러나 놀랍게도 이 점에 관해 다룬 책은 단 한 권도 없었다.

그 순간 어쩌면 내가 음악사에 위대한 발견을 했을지도 모른다는 생각에 가슴이 뛰었다. 그러나 한편으로는 이처럼 명백한 사실을 설마 아무도 눈치 채지 못했을까 하는 의구심마저 생겼다. 나는 미하엘 하이든의 곡을 다시 한 번 들으며 내가 발견한 사실을 재확인하고 싶었다. 마음을 가다듬고 우에노에 있는 동경 문화 회관 음악 자료실로 전화를 했다. 레코드나 악보를 많이 보유한 그곳은 대출은 하지 않지만 직접 헤드폰으로 음악을 들을 수 있었다. 대학 다닐 때 발토크의 곡이 너무나 듣고 싶어서 며칠이나 그곳을 들락거리며 거의 모든 곡을 들은 적이 있다.

  다행히 미하엘 하이든의 『레퀴엠』을 소장하고 있어 그곳에서 바라던 대로 그 곡을 들을 수 있었다. 내가 들은 것은 에른스트 힌라이너가 지휘한 잘츠부르크 방송 모차르티움 교향악단과 합창단 연주였다. 전반부는 여덟 부분으로 구성되었고 각각 합창이나 독창으로 불려졌다. 그리고 그 가운데 여섯 부분은 누가 들어도 모차르트 곡과 유사한 선율임을 다시 한 번 확인할 수 있었다. 또 레코드 겉면을 보면 모차르트는 미하엘 하이든의 곡을 잘 알고 있었으며 이 곡과 모차르트의 『레퀴엠』이 상당히 유사하다는 사실은 결코 우연이 아니라고 쓰여 있었다.

  이 두 곡은 확실히 비슷하다. 그러나 듣고 난 후의 감동은 전혀 다르고 음악 수준 또한 다르다. 멜로디 하나하나는 유사하지만 하이든의 『레퀴엠』은 청신한 아름다움이 있는 반면 선율이나 리듬은 단조로우며 호소하는 힘이 모자란다.

  이에 반해 모차르트의 『레퀴엠』은 윤곽과 음영이 뚜렷하며 상당히 드라마틱하다. 그림으로 비유하면 하이든이 마구잡이로 그린 스케치 위에 모차르트가 윤곽을 만들어 한 점 유화로 완성한 것 같은 느낌이다. 물론 하이든의 곡도 걸작이기는 하지만 모차르트와 비교하기에 석연치 않은 무엇이 있었다.

그러나 단언하건대 미하엘 하이든의 곡이 없었다면 지금 우리가 알고 있는 모차르트 『레퀴엠』은 없었을 것이다. 모차르트가 미하엘 하이든의 곡을 '표절' 혹은 '차용'한 일은 부정하기 힘든 사실이라 하더라도 문제는 이것을 증명하는 일이다. 가장 좋은 방법은 양쪽 연주를 녹음해서 동시에 듣는 것이고 이것이 불가능하면 악보로 나타내는 수밖에 없다.

그래서 나는 이 두 종류의 레퀴엠 악보를 입수하여 피아노로 연주하며 양쪽을 비교해 보았다. 레코드에서 비슷하다고 느낀 부분은 피아노로 연주해도 확연히 드러났지만 옆에서 듣고 있던 고등학교 3학년 아들은 클래식 음악을 자주 접했음에도 어디가 비슷한지 잘 모르겠다고 했다. 정말로 레코드에서는 비슷하다고 느낀 부분도 악보에서는 상당히 달랐다. 아마도 내 피아노 연주 실력이 그 둘의 유사성을 표현하기에 역부족이었는지도 모른다.

그러나 어느 누가 어떻게 연주해도 악보 상으로 거의 같은 부분을 한곳 발견했다. 양쪽 악보에서 그 부분만 보자.

〈한 눈에 봐도 비슷한 것을 확인할 수 있는 모차르트와 하이든의 『레퀴엠』.

(위 : 모차르트, 아래 : 하이든)〉

한번 자세히 보자. 피아노가 있는 사람이라면 모차르트의 『레퀴엠』첫 부분 선율을 꼭 연주해 보기를 권한다. 나는 몇 번이나 이 선율을 피아노로 연주해 보았다. 그러나 아들은 우연히 비슷한 부분이 있는 것인지도 모른다고 했다.

어째서 이런 우연이 있을 수 있단 말인가. 그 후 나는 핼무트 리링이 지휘한 하이든의 『레퀴엠』 CD를 모차르트 팬인 친구들에게 보내 들어보게 했다. 모두 두 곡이 비슷하다는 것을 인정했다. 도대체 미하엘 하이든은 어떤 사람이었을까? 또 모차르트는 그와 어떤 관계였을까.

대작(代作)과 공작(共作)의 관계

유명한 요셉 하이든의 동생 미하엘 하이든에 대해서는 세계적인 음악 사전 『글로브 음악 사전』에 다섯 페이지 반에 걸쳐 기술되어 있다. 모차르트는 73페이지, 요셉 하이든은 80페이지나 할애한 것에 비하면 소홀히 다룬 것은 사실이다. 그는 현대에는 거의 알려지지 않았고 작품 또한 연주될 기회가 없었으므로 당연한 대접일지도 모른다. 하지만 생전의 미하엘 하이든은 이 두 사람보다 못한 음악가가 아니었다.

그는 스무 살에 잘츠부르크 대주교 궁정 악단의 콘서트 마스터라는 중요한 지위를 맡아 죽을 때까지 약 40년간 대주교 밑에서 연주와 작곡 활동을 했다. 일생 동안 교향곡 마흔세 곡, 미사곡 서른아홉 곡, 열두 곡의 현악 4중주 외에 다수의 실내악곡과 합창곡을 작곡했다. 또 잘츠부르크와 빈뿐만 아니라 외국에까지 이름을 떨쳤다. 스페인 궁정에서 미사곡 주문이 들어오기도 했고 스웨덴 왕립 음악 아카데미 회원으로 뽑힌 적도 있다. 그리고 그의 작품은 오스트리아와 독일에서 19세기 초까지 종종 연주되었다고 한다.

이처럼 미하엘 하이든은 형 요셉 하이든만큼은 아니지만 생전에 뛰어난 작곡가로 인정받았다. 그런데 한 가지 흥미를 끄는 점은 미하엘 하이든과 모차르트 부자가 상당히 친밀한 관계였다는 것이다. 아마데우스 모차르트의 아버지 레오폴드 모차르트는 미하엘보다 열여덟 살 많았으며 하이든과 마찬가지로 잘츠부르크 대주교 궁정 악단의 주요 멤버로 활약했다. 그 후 아들 아마데우스 모차르트도 이 악단의 일원이 되었다. 이 세 사람은 같은 직장에서 일하는 동료였다.

그리고 레오폴드 모차르트는 미하엘 하이든의 재능을 높이 평가해 아들 아마데우스에게 하이든의 작품을 연습시켰다. 또 아마데우스 모차르트는 하이든의 악보를 베껴 쓰기도 했다. 그러기 위해서는 본인에게 악보를 빌려야 하는데 개인적인 친분 관계가 없으면 불가능한 일이다.

미하엘 하이든과 모차르트의 관계를 잘 나타내는 몇 가지 예가 있는데 모차르트는 하이든을 위해 대신 작품을 써준 일이 있었다. 어느 날 잘츠부르크 대주교가 하이든에게 이중주

곡을 여섯 개 작곡할 것을 명령했는데 하이든이 병에 걸려 그 중 두 곡을 완성하지 못했다. 당시에 그는 남은 두 곡을 약속한 날짜까지 작곡하지 못하면 해고될 위기에 처해 있었다. 그때 모차르트는 대주교와 심하게 다투고 궁정악단 오르간 연주자 자리에서 해고당했고 하이든이 그 자리를 겸임하고 있었다. 모차르트는 그런 하이든을 위해 불과 20일 만에 바이올린과 비올라를 위한 이중주곡 두 개를 작곡했다.

또 그 무렵 어느 백작 주최 음악회를 위해 하이든의 교향곡 서곡을 모차르트가 작곡한 일도 있었다. 이 교향곡은 20세기 중반까지 모차르트의 작품으로 알려졌으며 이외에도 함께 만든 곡이 또 있을지 모른다.

이처럼 작품을 대신 만들어주거나 함께 만드는 것이 차용이나 표절로 이어졌을 가능성은 충분하다.

다수의 작품을 '차용'하다

두 사람이 스승과 제자라는 사실은 모차르트가 미하엘 하이든의 작품을 견본으로 연습한 것에서 추측할 수 있다. 일반적으로 제자가 스승의 작품을 모방하는 일은 흔하며 현대 모차르트 연구 학자들은 모차르트와 미하엘의 관계에서도 그런 일이 있음을 지적했다.

현대 대표적인 모차르트 연구 학자 알프레드 아인슈타인은 이렇게 전한다.

(1769년에 작곡한 K141) 합창곡 『Te Deum(아침에 부르는 성가—역주)』은 미하엘 하이든의 1760년 작품을 토대로 하고 있다. 모차르트는 이 곡을 매우 충실히 배웠기 때문에 거의 모든 소절에서 모방한 흔적을 확인할 수 있다(『모차르트』 아사이 마사오 번역, 백수사).

그는 그 밖에도 몇 가지 모방이나 유사한 작품을 예로 들었다. 모차르트의 마지막 교향곡으로 유명한 『주피터(K551)』의 웅장한 최종 악장은 미하엘 하이든의 어떤 교향곡 마지막 악장과 꽤 비슷하다고 한다. 모차르트는 1788년 『주피터』를 포함해 유명한 3대 교향곡을 상당히 짧은 기간에 작곡했는데 이때 미하엘 하이든에게 많은 자극을 받았다고 아인슈타인은 전한다.

그러나 그만큼 당시 음악계 사정을 잘 알던 아인슈타인이 모차르트의 『레퀴엠』과 미하엘 하이든의 『레퀴엠』이 비슷하다는 점을 전혀 언급하지 않았다는 것은 이해하기 어려운 일이다. 그 이유가 분명치 않으므로 앞으로 모차르트를 연구할 학자들은 이 점을 꼭 유념했으면 한다.

한편 모차르트를 연구한 서적을 보면 모차르트는 미하엘 하이든 이외의 다른 작곡가로부터도 차용 또는 모방했음을 알 수 있다. 미하엘의 형 요셉 하이든의 작품을 차용한 예도 다수 지적되었으며 모차르트는 그들 형제에게 꽤 많은 작품을 빌렸다. 그 외에도 모차르트가 모방한 대상으로 요한 크리스찬 바흐, 필립 에마누엘 바흐, 그리고 글룩(Gluck, Christoph Willibald) 등 당대 유명 작곡가 이름이 거론되었다. 결국 모차르트는 다른 사람의 곡을 차용해 작품을 완성한 작곡가라는 이야기다.

이처럼 그들의 친분 관계와 모차르트가 하이든 이외 다른 작곡가의 작품도 많이 차용한 것을 보면 모차르트와 미하엘의 『레퀴엠』이 유사하거나 부분적으로 같은 점은 결코 우연이 아님을 알 수 있다.

그렇다면 왜 지금까지 한 번도 표절이나 저작권 침해 문제가 생기지 않았을까? 모차르트가 표절 혐의로 고소를 당할 수도 있었다. 그러나 당시에는 저작권이라는 말 자체가 없었기 때문에 단 한 번도 고소를 당한 일이 없었다. 그 시대에는 다른 작곡가의 아이디어를 차용하는 일이 특별히 비난 대상이 아니었으며 비교적 흔한 일이었다.

원본을 뛰어넘어야만 진정한 모방이 가능하다

이처럼 모차르트가 미하엘 하이든이나 다른 작곡가를 모방한 일이 사실이더라도 중요한 것은 모방의 성과다. 모차르트는 다른 사람의 곡을 차용해서 어떤 음악을 만들고 싶었을까?

이 질문에 대한 대답은 명확하다. 현재 우리가 즐겨 듣는 모차르트 음악 그 자체가 대답이라 할 수 있다. 1982년 세상을 떠난 유명한 캐나다 출신 피아니스트 그레인 그루드는 '창조 행위와 모방 행위는 세월이 흐를수록 점점 그 차이가 적어진다'고 했다. 처음에는 모방이던 모차르트의 음악이 2백년이 지난 지금에는 창조적인 음악으로 들리기 때문이다.

미하엘 하이든의 『레퀴엠』과 비슷하다고 해서 모차르트『레퀴엠』의 뛰어난 음악적 퀄리티와 감동이 변하지는 않는다. 중요한 점은 어떤『레퀴엠』이 뛰어난 곡인가 하는 것이다. 당연한 이야기지만 모차르트 시대에 활약한 작곡가는 모차르트 단 한 사람이 아니다. 그 외에 많은 작곡가들이 수많은『레퀴엠』을 만들었지만 2백 년이 지난 지금에는 모차르트의 작품만이 남아 있다. 그것이 오리지널이냐 모방이냐 하는 문제는 중요하지 않다. 단지 사람들을 감동시킬 수 있는 음악만이 마지막까지 살아남는 것이다.

나는 모차르트와 미하엘 하이든의 『레퀴엠』을 다시 한 번 듣고 비교하기로 했다. 모차르트가 하이든을 흉내 낸 것은 엄연한 사실이다. 그러나 모차르트의 『레퀴엠』이 더 깊이 마음을 울리며 잊지 못할 감동을 주는 것도 부정할 수 없다. 만일 마하엘 하이든의 악상이 없었다면 모차르트의 『레퀴엠』은 존재하지 않거나 완전히 다른 모습이었을 것이다. 비록 하이든의 아이디어를 차용해 두 곡이 명백하게 비슷하긴 하지만 모차르트는 원래 곡보다 더 훌륭한 곡으로 완성했다. 흉내를 내기는 하되 원본을 뛰어넘은 것이다.

앞서 언급한 아인슈타인은 모차르트가 이용한 원본을 도약대에 비유하며 모차르트는 그 도약대를 사용해 더 높고 멀리 날았다고 했다. 나 역시 그 말에 전적으로 동감한다. 모차르트는 어떤 도약대를 발판으로 삼았더라도 멀리 날았을 것이다. 타인의 음악을 모방하여 원곡보다 더 나은 그만의 독특한 음악을 만드는 능력이야말로 모차르트가 천재인 이유이다.

배움의 의미를 한 번 생각해 보자. 배우는 일은 학습이다. 학습은 모방에서 시작한다. 결국 무언가를 배우는 것은 모방을 의미하기도 한다.

성실한 학생들은 종종 스승을 모방한다. 스승의 말투나 글씨체를 따라하거나 걸음걸이까지 흉내 낸다. 그렇게 해서 비로소 학생은 스승에게 가까이 다가갈 수 있다. 모방은 비슷하게 닮으려는 행동이며 그 대상이 스승일 수도 있다. 그러나 학생이 선생보다 나을 때도 있고 원본보다 더 나은 것을 만들 수도 있다. 청출어람이라는 말도 있지 않은가.

모차르트의 모방은 단순히 베끼는 것이라기보다 청출어람에 가깝다. 모방은 원본을 뛰어넘어야만 진정한 모방이 된다. 그런 의미에서 모차르트는 모방의 천재였다.

언어를 배우듯이 음악을 배운다

일본인은 모방 능력은 탁월하지만 창조력이 부족하다. 그러나 이렇게 용어를 안이하게 사용해서는 안 된다. 모방과 창조력이 서로 대립하는 것처럼 보이는데 과연 그럴까? 도대체 창조력은 무엇인가?

하늘 아래 새로운 것은 아무것도 없다는 말처럼 모방과 창조 능력은 한없이 가까운지도 모른다. 적어도 모차르트에 관해서는 일반적으로 창조력이라 생각한 것이 모방에 지나지 않았음을 알았으리라 생각한다. 그의 재능은 학습하는 재능이자 모방하는 재능이었다. 그런데 그는 과연 어떻게 모방하는 재능을 익히게 되었을까?

모차르트의 아버지 레오폴드 모차르트가 음악가라는 것은 이미 알려진 사실이다. 그는 두 명의 자녀를 위해 손수 음악 교육 프로그램을 만들어 엄격하게 실행에 옮겼다. 그에게는 아마데우스보다 다섯 살 많은 난넬이라는 딸이 있었다. 아마데우스가 태어났을 무렵 난넬은 이미 음악 교육을 받고 있었고 레오폴드는 연습을 하거나 제자를 가르쳤다. 따라서 모차르트의 집에는 하루 종일 음악이 울려 퍼졌다.

아마데우스는 뇌 세포가 가장 유연하게 사물을 수용할 시기에 항상 음악을 접했다. 말하자면 말을 배우듯이 음악을 익혔는데 잘 알려진 대로 말을 배우는 데 흉내 내기처럼 중요한 것은 없다. 흉내 내기야말로 인간이 지닌 가장 기본적인 능력이기 때문이다.

그리고 무엇보다 청소년기의 해외 여행이 모차르트를 모방의 천재로 만드는 데 큰 도움이 되었다. 당시 고향인 잘츠부르크는 음악적인 정보 면에서 뒤떨어진 지역이었다. 모차르트는 이탈리아 각 지방이나 파리, 그리고 런던 등지를 여행하면서 다양한 최신 음악을 접했다. 반면 미하엘 하이든은 잘츠부르크에서 거의 벗어난 적이 없었기 때문에 외국의 새로운 음악 지식은 모차르트가 훨씬 풍부했다. 어떤 일이든 무에서 유를 창조하는 것은 불가능에 가깝다. 풍부한 지식이야말로 창조의 원천이 된다. 모차르트는 다양한 음악을 접하며 음악의 샘물을 풍부하게 채웠기 때문에 사소한 악상의 단편에서 훌륭한 선율을 만들어낸 것이다. 그의 마지막 작품 『레퀴엠』이 그 사실을 증명한다.

모차르트 작품은 대부분 『레퀴엠』처럼 주문 생산 방식이었으며 자신의 내적 충동으로 탄생한 것은 거의 없었다. 그는 오로지 사람들이 원하는 음악만 만들었다. 따라서 거리낌없이 다른 작곡가의 음악을 이용하여 그만의 독특하고 훌륭한 음악을 만들어냈다. 모방과 흉내가 없었다면 모차르트의 많은 걸작은 존재하지 않았을 것이다.

한편 아직도 모방의 천재 모차르트라는 공식을 받아들일 수 없는 사람에게 미국의 유명한 철학자 에머슨의 말을 들려주고 싶다.

"진정으로 창조적인 사람만이 남의 것을 모방할 줄 안다."

천 재 의 공 부 법

또 에머슨은 이렇게 덧붙인다.

"모든 책은 인용이고 모든 인간 또한 조상으로부터의 인용이다. 거미처럼 자신의 배에서 실을 끄집어내어 집을 만드는 식의 독창성을 요구한다면 독창적인 천재는 단 한 사람도 있을 수 없다. 가장 위대한 천재는 남의 덕을 가장 많이 본 인간이다."

모차르트는 바로 그런 천재다.

참고 문헌

알프레드 아인슈타인 『모차르트』, 아사이 마사오 번역, 백수사.
놀베르트 엘리어스 『모차르트』, 아오키 유카 번역, 호세이 대학 출판국.
요시다 다이스케 편역 『모차르트와 대작곡가들』, 음악 지우사.

초인적 집중력의 소유자 뉴턴

나는 『어른을 위한 위인전(신조선서)』에서 모든 사람이 천재일 수는 없지만 누구나 위인은 될 수 있다고 썼다. 그런데 최근에 와서 이 말에 보충 설명이 필요하다는 것을 깨달았다. 내가 하고자 한 말은 위인들이 발휘한 능력은 자세히 보면 보통 사람들도 충분히 가능한 일이며 그런 의미에서 누구나 위인이 될 수 있다는 것이다.

하지만 천재에게는 보통 사람이 도저히 따라잡기 힘든 능력이 있기에 보통 사람은 아무리 노력해도 천재가 될 수 없다.

천재를 조사하다 보면 그들의 능력이 정말로 따라잡기조차 힘든 특별한 것일까 하는 의문이 생긴다. 천재들의 능력은 세상에 태어난 후 다양한 방법을 통해 습득하고 학습한 것이다. 그 방법만 알면 어쩌면 보통 사람들도 천재가 될 수 있을 것이다.

그러나 중요한 것은 천재가 되느냐 못 되느냐의 문제가 아니다. 사람들이 천재라 부르는 이들이 어떻게 그런 능력을 습득했느냐를 알아내는 일이다. 너무 낙관적이라고 비판할지도 모르지만 부모는 자녀 교육에, 학생은 공부하는 데, 교사는 학생을 지도하는 데, 또 중년 이상의 사람들은 남은 생을 잘 보내는 데 조금이라도 도움이 되면 좋겠다는 생각이다. 살아가면서 훌륭한 능력을 습득하고 발휘하는 것만큼 즐거운 일은 없기 때문이다.

천재와의 공통점을 찾아보자

영국의 물리학자이자 수학자로 17세기 과학 혁명을 완성한 아이작 뉴턴(Isaac Newton : 1642~1727)은 과학계 최고의 천재로 알려져 있다. 그리고 보통 사람이 아무리 노력해도 뉴턴 같은 능력을 습득하는 일은 불가능하다는 것이 전반적인 견해다. 그는 우리와는 전혀 다른 동떨어진 세계의 인간이기 때문에 보통 사람의 경험과 생각으로 이러쿵저러쿵 말해도 소용없는 일이라는 전기 작가도 있다. 그러고 보면 뉴턴은 보통 사람들과 전혀 공통점이 없는 인간처럼 느껴진다.

그러나 뉴턴도 인간이다. 인간은 다른 사람과의 커뮤니케이션 속에서 살아가는 존재이며 다른 사람들과 공통점이 있기 때문에 그들과 관계를 만들며 그 사회 속에서 살아간다.

뉴턴이 이룩한 업적은 보통 사람은 말할 것도 없거니와 대다수 유명한 과학자들조차 엄두도 내지 못한 일이다. 그렇다 해도 거기에 이르기까지의 과정은 보통 사람도 가능하지 않을까? 그 공통점이 무엇인지 알면 위대한 천재 뉴턴이 조금은 가까운 존재로 느껴질지 모른다.

한편으로 3백 년 전 인간인 뉴턴을 가깝게 느끼는 일이 도대체 무슨 의미가 있는지 의문스러워할 사람도 있을 것이다. 천재를 가까운 존재로 느끼면 장점도 있을 것이라고 해두자. 천재에게 감동을 받아 어느 날 갑자기 잠재된 능력을 발휘하고 싶은 마음이 생길지도 모른다는 장점 말이다.

뉴턴은 만유인력의 법칙 발견을 시작으로 물리학 및 수학 분야에 새로운 시대를 열었다. 어떻게 그런 위대한 발견을 했는지에 대한 그의 말이다.

"발견을 할 때까지 나는 오직 그것 하나만 생각한다. 언제

나 그 문제를 염두에 두고 신새벽, 한줄기 빛이 스며들어 조금씩 날이 밝아지며 완전히 동이 틀 때까지 잠자코 기다린다."

한마디로 말해 지속적인 집중력의 승리라 할 수 있으며 한 가지 문제에 모든 정신력을 집중해 끊임없이 생각하는 것이 천재 뉴턴의 비결이다.

물론 대부분의 사람들도 종종 집중력을 발휘하여 일을 처리한 경험이 있기 때문에 집중력이 무엇인지 체험하지 않은 사람은 없다. 문제는 얼마나 지속적으로 집중할 수 있느냐는 것이다. 뉴턴의 말처럼 한줄기 빛이 스며들어 모든 것이 확실히 보일 때까지 집중력을 유지할 수 있느냐가 관건이다. 인간은 얼마 동안이나 연속적으로 하나에 정신을 집중할 수 있을까? 내 경우는 길어야 두세 시간이다. 네 시간이나 꼼짝 않고 의자에 앉아 있는 일은 나로서는 절대 불가능한 일이다.

휴가에서 탄생한 대발견

뉴턴은 어떻게 집중력을 발휘하여 위대한 업적을 이루었을까? 그것은 그의 일생 중 집중력이 최고조에 달했던 두 번의 시기를 보면 알 수 있다.

첫 번째는 스물두세 살 무렵이었다. 당시 영국은 런던을 중심으로 흑사병이 유행했고 그 때문에 케임브리지 대학은 폐쇄되었다. 케임브리지에 재학 중이던 뉴턴은 할 수 없이 고향으로 돌아와 휴가를 즐겼다. 그런데 약 18개월의 휴가 동안 그는 역사에 이름을 남길 세 가지 위대한 발견을 했다. 여기서 말하는 3대 발견이란 만유인력의 법칙, 미적분학, 그리고 태양 광선의 성질에 관한 것이다. 그 세 가지 발견 모두 과학자 한 사람이 전 생애에 걸쳐 몰입해야 이룰 수 있는 것이다. 뉴턴은 그것을 짧은 기간에 자신의 것으로 만들었다.

이 3대 발견을 간단히 살펴보자. 우선 태양 광선 연구에서 뉴턴은 프리즘을 통과한 태양 빛이 일곱 개로 갈라진다는 점과 그 일곱 가지 색의 빛을 다시 프리즘에 통과시키면 처음의 흰색 광선으로 되돌아간다는 것을 실험으로 증명했다. 말로 하면 간단해 보이는 실험이나 뉴턴 이전에 이것을 시도한 사람은 아무도 없었다. 훗날 그는 이 실험을 중심으로 빛의 다양한 성질에 관한 연구서 『광학』을 썼다.

미적분학은 간단히 말해 변화한 상태를 나타내거나 곡선에 둘러싸인 면적을 구하기 위한 수학의 한 방법이다. 지금은 수학뿐만 아니라 물리학에서도 물체의 운동 같은 다양한 현상을 설명하기 위해 쓰인다. 따라서 뉴턴이 과학 전반에 걸쳐 기여한 공은 매우 크다.

뉴턴은 1665년 여름에 이것을 발견했는데 훗날 독일의 철학자 라이프니츠와 누가 먼저 발견했나를 놓고 논쟁이 일어났다. 서로 비방하고 중상모략하며 헐뜯던 중 거의 동시에 각자 독자적으로 발견했다는 사실이 밝혀졌지만 이 사건으로 뉴턴의 명예와 자존심은 꽤 손상되었다. 단, 미적분이라는 명칭은 라이프니츠가 만든 것으로 뉴턴은 '유율법(流率法)'이라 명명했다.

마지막으로 만유인력의 법칙은 나무에서 떨어진 사과에 관한 에피소드로 유명하다. 그러나 이는 말년에 뉴턴이 당시를 회고하며 친구에게 한 이야기를 재구성한 것에 불과하다. 이 법칙은 사과가 떨어지는 것을 보고 인력을 발견했다는 단순한 이야기가 아니다. 그 무렵 뉴턴은 행성과 달의 운동에 관해 연구하고 있었다. 사과가 나무에서 떨어질 때 그는 아마도 이렇게 생각했으리라.

'사과는 지구 인력에 의해 낙하하지만 달도 지구가 잡아당기고 있는 것은 아닐까? 그런데도 달이 지구를 향해 떨어지지 않는 이유는 무엇일까?'

그러나 행성 운동에 관해서는 이미 케플러의 법칙이 있었고 지상에 있는 물체 운동에 관한 갈릴레오의 연구도 있었다. 뉴턴은 나무에서 떨어진 사과를 관찰하면서 얻은 아이디어와 그 두 사람의 연구를 단서로 지구상의 물체와 행성에 동일하게 적용되는 법칙을 찾고 있었다. 이렇게 해서 그는 두 개의 물체가 서로 잡아당기는 인력은 질량에 정비례하며 두 물체 사이 거리의 제곱에 반비례한다는 유명한 만유인력의 법칙을 발견한 것이다.

이처럼 뉴턴의 3대 발견은 끊임없이 한 가지만 생각했기 때문에 이룰 수 있었다. 그러나 모든 정력을 쏟아 부었음에도 그는 이 위대한 발견을 사람들에게 알리려는 의지가 전혀 없었다. 미적분학과 광학에 대해서는 그로부터 얼마 지나지 않아 논문을 쓰고 대학에서 강의(뉴턴은 26세에 케임브리지 대학의 교수가 되었다)도 했다.

그러나 만유인력의 법칙은 놀랍게도 20년 동안이나 공개되지 않았다. 아무래도 뉴턴은 자신의 연구 성과를 세상에 알려서 명예를 얻는 일에 무관심했던 것 같다. 라이프니츠와의 논쟁에서 그렇게 화를 낸 것도 라이프니츠의 미적분학을 표절했다는 의심을 받았기 때문이다.

뉴턴이 두 번째로 집중력을 발휘한 것은 첫 번째보다 약

20년 후의 일이다. 당시 영국에는 1660년에 만들어진 왕립 협회라는 과학자 협회가 있었다. 뉴턴도 그 회원이었으며 한때 회장을 맡기도 했다. 어느 날 협회의 전 사무국장 훅(훅의 법칙으로 잘 알려진 과학자)은 왕립 협회 회장 렌과 천문학자 헬리(헬리 혜성 명명자)에게 '인력은 거리의 제곱에 반비례한다'는 법칙에 따라 천체가 운동한다고 설명했다. 그러니까 훅도 뉴턴과 같은 사실을 발견한 것이다.

그러나 훅은 이를 수학적으로 증명하지 못했다. 헬리는 미적분학 등의 수학 연구로 유명한 뉴턴이라면 이 문제를 풀지도 모른다고 생각하여 뉴턴을 찾아갔다. 헬리에게 그 이야기를 들은 뉴턴은 이미 발견한 만유인력의 법칙과 운동의 법칙 및 천체 운동을 설명하기 위한 수학적 방법에 관한 『자연 철학의 수학적 원리(약칭 『Principia』)』를 썼다. 처음으로 집중력을 발휘했던 시기와 마찬가지로 약 18개월 동안이었다.

『Principia』는 약 천 페이지에 이르는 대작으로 전문가들도 좀처럼 이해하기 힘든 난해한 내용을 담고 있다. 과학사학자들 설명에 의하면 인류에게 새로운 과학 시대를 열어준 이 저서를 18개월이라는 짧은 시간 동안 완성한 것은 내용의 복잡함과 정밀함에서 볼 때 기적에 가까운 일이라고 한다. 그야말로 초인적인 집중력의 산물이라 해도 과언이 아니다.

『Principia』를 집필할 무렵 뉴턴이 얼마나 일에 집중했는지는 비서나 친구들의 증언으로 알 수 있다. 당시 그는 케임브리지 대학 구내 관사에서 살았으며 방 청소나 식사 준비는 가정부가 했다. 그런데 아침에 가정부가 침대를 정리하러 방에 들어가 보면 저녁밥에 손도 대지 않은 채 그대로 둔 경우가 다반사였다. 뉴턴의 건강 관리를 신경 써야 하는 비서는 어떻게 하면 뉴턴이 식욕을 느끼고 아무 탈 없이 식사를 마칠 수 있게 할까가 큰 과제였다.

그의 비서는 옆에서 아무도 돌봐주지 않으면 밥도 안 먹고 잠도 안 자며 오로지 연구에만 몰두하는 것이 뉴턴의 일상이었다고 한다. 물론 뉴턴도 사람인 이상 배고픔을 참을 수 없을 때는 밥을 먹어야 했는데 그럴 경우 언제나 서서 식사를 했다고 한다.

말 그대로 뉴턴은 한순간도 연구를 잊지 않았으며 산책을 할 때도 아이디어가 떠오르면 갑자기 연구실로 뛰어들어 가 책상 앞에 선 채로 글을 썼다. 때때로 친구들이 방문해도 일에 집중하느라 친구들의 존재조차 잊을 때가 많았다.

위대한 발견을 하려면 보통 사람들은 체험할 수 없는 집중력과 고독이 필요한 듯하다. 뉴턴에 버금가는 물리학의 위대한 발견을 한 아인슈타인도 비슷한 경우다.

초인적 집중력의 소유자 뉴턴

아인슈타인은 사색이나 피아노를 연주하는 동안에도 메모를 했고 서재에 틀어박혀 아무도 만나지 않고 식사도 서재에서 하며 2주 동안 지내기도 했다. 그는 어느 날 얼굴이 새파랗게 질려서는 '바로 이거야' 하며 종이 조각을 테이블 위에 놓았다. 바로 그것이 상대성 이론이었다고 채플린은 아인슈타인의 부인에게 들은 이야기를 자서전에 옮겼다.

극도의 정신 집중에 따른 기분 전환의 하나로 아인슈타인의 피아노와 같은 대상이 뉴턴에게도 필요했다. 그는 대학 정원에 있는 작은 건물에서 화학 실험을 했는데 그 실험이 뉴턴에게 있어 기분 전환 대용이었다. 아무 생각 없이 푹 쉬는 보통 사람들의 휴식이 그에게는 생각할 수 없는 나태한 행동이었던 듯하다. 이 점은 마르크스가 『자본론』 집필에 몰두할 때 휴식을 위해 어려운 수학 문제를 풀었다는 일화와 공통되는 면이 있다. 참고로 덧붙이면 뉴턴의 화학 실험은 중세부터 전해오는 연금술 부류에 속하는 것으로 사후에 남겨진 막대한 양의 문서에는 연금술에 관한 내용이 많이 포함되어 있다. 이것에 주목한 경제학자 케인스는 뉴턴을 '마지막 마술사'라고 불렀을 정도다.

훗날 뉴턴은 조폐국 장관이 되었는데 그는 장관이 철과 아연 등의 비금속을 금으로 바꾸는 연금술을 연구한다는 사실이 세상에 알려지는 것을 겁냈다고 한다. 그 때문인지 연금술 연구에 관해서는 죽을 때까지 비밀로 했다.

또 그는 신학과 성서에 관한 문서를 많이 보유했다. 현재는 별로 가치없는 연구로 보일지 모르지만 그 방면에도 물리학자 이상의 정력을 쏟았음을 알 수 있다. 케인스의 말처럼 현대 감각에서 보면 뉴턴은 상당히 불가사의한 사람이었다.

그건 그렇다 하더라도 뉴턴이 관심있는 대상에 철저하게 집중하는 재능있는 인간이었음은 부정할 수 없다. 그런 재능은 이미 유년기에 나타났다. 잘 알려져 있듯 유년기 때 뉴턴은 이따금 멍한 상태로 기묘한 행동을 했다고 한다.

농촌에서 태어난 뉴턴은 말을 타고 학교를 다녔는데 어느 날 험한 길에 접어들자 말에서 내려 말을 끌고 집으로 갔다. 그런데 험한 길을 다 지나고 나서도 말을 탈 생각은커녕 말에서 고삐가 빠진 것도 모르고 고삐만 잡은 채로 집까지 갔다고 한다. 또 달걀을 삶으려고 끓인 물속에 시계를 넣은 적도 있다.

뉴턴이 집중을 하면 할수록 옆에서 보기에는 멍해 있는 것만 같았다. 그 때문인지 중학생인 뉴턴은 정서가 불안하고 공부도 못하는 학생처럼 보였으며 얼마 동안은 반에서 최하위 성적을 보인 적도 있었다. 어린이를 위한 위인전에는 열등생이며 집단 따돌림을 당한 뉴턴이 어느 날 자신을 괴롭히는 반 아이들을 혼내주고 그것에 힘을 얻어 공부도 잘하게 되었다는

초인적 집중력의 소유자 뉴턴

에피소드가 소개된다. 이것은 학교 성적과 천재의 업적은 상관 관계가 없다는 예에 불과하지만 그의 뛰어난 집중력만큼은 유년기부터 장년기까지 일관된 특징이었다.

그런데 초인적인 집중력을 발휘하던 그 두뇌가 한때 일시적인 문제를 일으킨 적도 있었다. 50세 무렵 친구에게 보낸 편지가 피해망상으로 오해받기 충분했기에 뉴턴이 정신 착란자라는 소문이 퍼진 것이다. 후에 조폐국 장관으로서 직무를 충실히 이행한 것을 보면 병은 일시적이었는지도 모르지만 그가 정신 착란이라는 시련에 휩싸인 것은 사실이다. 발병 시기에는 여러 설이 있는데 『Principia』를 쓰고 난 얼마 후부터라는 설이 가장 설득력이 있다. 천하의 뉴턴도 두뇌를 너무 혹사했기 때문에 정신적인 균형을 잃은 것이다. 초인이 되기 위해서는 어쩔 수 없이 인간으로서의 무언가를 잃어버리지 않으면 안 되나 보다.

고독의 산물

뉴턴이 어떻게 초인적인 집중력을 갖게 되었는지는 그의 고독한 유년기에 단서가 있다.

그의 아버지는 뉴턴이 태어나기 3개월 전에 사망했고 어머니는 그가 세 살 되던 해 목사와 재혼해서 집을 떠났다. 어린 뉴턴은 외할머니와 단둘이 살았으며 그것이 고독한 생애의 발단이었다. 어머니가 뉴턴을 데려가지 않은 것은 목사가 아이를 싫어했기 때문이다. 목사는 8년 후 세상을 떠났고 어머니는 다시 집으로 돌아왔지만 그동안 어린 뉴턴은 친구도 없이 외할머니와 둘만의 외로운 생활을 했다.

뉴턴의 유년 시절 중 8년을 함께 보낸 외할머니가 어떤 사람이었으며 손자를 귀여워했는지 아니면 엄하게 키웠는지는 알려져 있지 않다. 세 살부터 열한 살까지는 인간의 성격이 형성되는 기간으로 상당히 중요한 시기며 함께 생활하는 사람들에게 많은 영향을 받는다. 그는 외할머니의 영향을 별로 받은 것 같지 않다.

그의 성격 특히 '초인적인 집중력' 형성에 지대한 영향을 준 것은 바로 유년기 동안의 고독이었다. 고독 때문에 고민하고 괴로워하는 것은 비단 노인만이 아니다. 소년 또한 고독으로 괴로움을 느낀다. 어린 뉴턴이 얼마나 외로움에 몸서리쳤는지는 스무 살 무렵에 과거를 회상하며 쓴 죄의 고백에서 일부 찾아볼 수 있다.

부모를 죽이고 집을 불태우겠다고 협박하려 한 일.
누군가가 죽었으면 좋겠다고 생각한 일.

어머니가 재혼해서 살던 교회는 뉴턴이 외할머니와 함께 살던 집에서 21킬로미터 정도 떨어진 교회의 탑이 보이는 곳이었다. 그 탑을 볼 때마다 이런 위험한 생각을 했을 것이다.

뉴턴은 자신은 어머니에게 버림받았다고 생각했다. 그랬기에 어머니도, 또 자신에게서 어머니를 빼앗아간 남자도 미웠다. 아이들은 어른의 생각보다 훨씬 위험한 존재다. 참기 힘든 고독 속에서 위험한 생각은 점점 더 심해지기만 했다.

고독은 인간에게 중대한 시련이며 이 시련이야말로 능력을 키워 나갈 절호의 기회가 되기도 한다. 뉴턴이 태어나고 자란 집 여기저기에 그가 새겨놓은 해시계가 남아 있는데 집 안으로 들어오는 태양 빛의 각도가 미묘하게 변하는 것이 재미있어서 새기기 시작한 것이었다. 이런 유년 시절 관심이 훗날 광학 연구로 이어졌을 것이다.

또 뉴턴은 물레방아 모형 조립을 좋아했다. 혼자서 질리지도 않고 손끝을 놀리며 작업하는 것을 놀이 삼아 몰두하는 어린 뉴턴의 모습을 어렵지 않게 상상할 수 있을 것이다. 그렇게 단련된 손끝의 감각 덕분에 그는 훗날 렌즈와 프리즘을 연마하는

데 런던의 어떤 장인들보다 뒤지지 않는 솜씨를 자랑했다.

그는 고독이라는 시련 속에서 즐겁게 시간을 보내는 방법을 발견했고 연구하는 동안은 어느 누구의 방해도 받지 않으며 자신만의 세계에 열중하는 즐거움을 배웠다. 의식하지 못하는 동안 그의 집중력은 점점 커져 갔다.

목사와의 사이에 생긴 세 명의 자녀를 데리고 어머니가 돌아왔을 때 갑자기 집 안이 시끌벅적해졌지만 뉴턴의 성격과 행동은 조금도 변하지 않았다. 초등학생에서 대학생이 되고 대학 교수가 되어서도 주위 사람들은 그를 친구도 하나 없고 말수가 적으며 생각이 깊은 타입의 인간으로 여겼다. 마음속으로 눈을 돌려 그곳에만 집중할 수 있는 사람이라면 친구는 필요치 않다. 그런 타입의 인간이 가장 행복을 느끼는 것은 혼자 있으면서 좋아하는 일에 집중할 때다. 뉴턴 역시 유년 시절 강요된 고독 속에서 힘겹게 살았기 때문에 그것이 습관이 되어 그의 삶의 방향을 결정했다.

혼자만의 만족

"그는 혼자서도 충분합니다. 그렇게 혼자 있으면 충분하다는 인간은 본 적이 없습니다."

뉴턴을 평가하는 동시대 사람들의 증언이다. 그는 자급자족형 인간이었다. 3대 발견만 보더라도 케임브리지 대학과 멀리 떨어진 고향 마을에서 어느 누구와 상담하지도, 누구에게 알리지도 않고 혼자 힘으로 해냈다. 만약 흑사병이 유행하지 않고 대학이 폐쇄되지 않아 고향에서 휴가를 보내지 않았다면 그 발견이 있기나 했을까? 대학에서 강의하며 18개월 동안 완벽하게 자신만의 시간을 갖는 일은 48년 생애에서 두 번 다시 찾아오지 않았다. 그 휴가 동안 유년 시절처럼 고독의 시간을 보내며 조금도 지루해하지 않은 것이야말로 뉴턴이 위대한 이유다.

고독을 즐기는 뉴턴의 성격은 위대한 사상가나 예술가 등 천재로 불린 사람들의 공통적인 경향이다. 『로마 제국 쇠망사』를 쓴 영국의 역사학자 에드워드 기번은 '고독은 천재들의 학교다'라는 말을 했다. 이는 뉴턴 이외 많은 천재의 언행에서 유추할 수 있다. 뉴턴의 고전 역학에 필적하는 상대성 이론을 발견한 물리학자 아인슈타인은 '자신 속으로 숨어들고만 싶다는 욕구는 나이를 먹을수록 더 깊어지기만 한다'고 했다. 또 등대지기야말로 과학자에게 가장 이상적인 환경이라고 말하며 자신을 고독한 괴짜라 불렀다.

이처럼 고독을 향한 애정은 비밀주의라는 형태로 나타난다. 그 예로 이탈리아 르네상스 시대의 예술가 미켈란젤로를 들 수 있다. 그는 작품의 제작 과정을 결코 남에게 보여주지 않았으며 일단 작업에 착수하면 아무도 만나지 않았다. 그는 로마 교황으로부터 몇 번이나 일을 의뢰받았는데 교황조차 작업실 출입을 금지할 정도였다. 어느 날 교황이 조수로 변장하여 몰래 작업실에 들어갔는데 그 사실을 눈치 챈 미켈란젤로가 판자 조각을 던지며 내쫓았다는 에피소드가 있다.

미켈란젤로만큼은 아니지만 뉴턴은 어떤 의미에서 미켈란젤로보다 더 고도의 비밀주의자였다. 그는 자신의 연구를 비밀로 한 것이 아니라 처음부터 발표할 의사가 없었다. 물론 자신의 연구가 얼마나 가치있는지 알고 있었다. 그것이 전대미문의 대발견이라는 사실을 충분히 알고도 남았다.

그러나 그는 자신의 연구 결과를 세상에 발표해서 과학자로서 명예를 얻고 싶은 욕망은 전혀 없었다. 그것이 아무리 위대한 발견이라도 혼자 알고 있는 것으로 만족했다. 뉴턴은 비밀주의라기보다 무관심주의라 하는 편이 나을지도 모른다. 타인에게 무관심한 태도가 뉴턴의 특징이었다.

또 무관심주의자는 타인 또한 자신에 무관심하기를 바란다. 뉴턴이 연구 성과를 비밀로 한 것은 타인과 관계 맺는 것 자체를 피하고 싶었기 때문이다. 실제로 그 기우는 현실로 드러났다. 『Principia』의 제1편과 제2편이 출판되었을 때 만유인력의 법칙에 대한 우선권을 둘러싸고 로버트 쿡에게 비난당한 사실이 있다. 이를 안 뉴턴은 귀찮은 일에는 말려들고 싶지 않다며 예정되었던 제3편 출판을 중지하자고 했다. 결국 지인의 중재로 사건이 일단락되어 제3편은 무사히 출판되었으나 뉴턴은 학자로서 업적을 인정받는 일 따위는 아무래도 좋았다. 그는 혼자 있는 것만으로 충분했다.

평생 독신으로 살다

이전에 나는 '지금 당신이 가장 열중하는 것은 무엇인가?'라는 앙케트에 인간, 특히 여성이라고 답한 적이 있다. 당시에는 그냥 생각나는 대로 썼을 뿐이지만 인간에게 가장 관심이 가는 대상이 인간인 것은 당연한 사실이 아닐까. 그리고 남성이라면 여성에게 여성이라면 남성에게 흥미를 보이는 것도 자연스러운 일이다.

그런데 평생 독신을 고집한 뉴턴은 다른 사람은 물론이거니와 여성에게도 전혀 관심이 없었다. 남성의 집중력을 혼란시키는 최대의 적은 바로 여성이다. 어떤 때는 연인으로 또 어떤 때는 부인으로 여성은 남성의 마음을 혼란시키고 번거롭게 하여 학업과 일로부터 멀어지게 한다. 뉴턴의 업적은 그런 것들로부터 완전히 해방되었기 때문에 가능했다.

20대 중반은 남성이 여성 때문에 가장 마음이 혼란스러운 나이인데 뉴턴은 누구에게도 방해받지 않으며 고독 속에서 위대한 발견을 했다.

뉴턴의 일생에서 연애 대상이 될 만한 여성이 있었던 것은 대학에 들어가기 전에 다녔던 로스쿨 때뿐이었다. 당시 뉴턴은 고향을 떠나 어느 약사 집에서 하숙하며 두 살 아래인 그 집 딸과 가깝게 지냈다. 뉴턴이 대학에 진학하지 않고 어머니가 원하는 대로 농부가 되었다면 이 여성과 결혼했을지도 모른다. 이 여성은 뉴턴에게 관심이 있었던 모양인데 뉴턴은 그녀보다 약국에 진열된 화학 약품에 더 관심이 있었다. 이렇게 시작된 화학에 대한 관심은 훗날 연금술 연구로 발전했으며 결국 여성과 연애를 할 기회는 없었다.

뉴턴이 태어나기 몇십 년 전에 죽은 영국의 정치가이자 과학자, 그리고 문필가인 프랜시스 베이컨은 뉴턴에 해당하는 지적으로 다음과 같이 말했다.

"부인과 자녀가 있는 사람은 모든 것을 운명에 맡겨야 한다. 그들은 위업을 달성하는 데 장애물일 뿐이다. 양질의 일과 사회에 최대한 가치있는 일은 결혼하지 않았거나 아이가 없는 사람들에게 나온다."

프랜시스 베이컨은 45세에 결혼했고 이 문장은 그 후에 쓰인 것으로 볼 때 결혼에 대한 후회나 반성 같다. 철학자 가운데 데카르트, 칸트, 니체, 쇼펜하우어 등 결혼하지 않은 사람은 많았지만 그들이 여성에 관심이 없었던 것은 아니다. 따라서 여자 때문에 집중력을 잃었을 가능성도 있다. 니체는 여성 몇 명에게 프로포즈를 거절당했고 데카르트는 숨겨놓은 아이도 있었다. 그러나 뉴턴은 평생 여성의 발자국 소리는커녕 그림자조차 가까이 두지 않았다.

혹시 그가 병약한 체질은 아니었을까 하는 의문이 생기기도 하지만 사실 그는 보통 이상의 건장한 체구의 소유자였다. 미숙아로 태어나 얼마 살지 못할 거라는 추측과는 달리 84세까지 장수했으며 시력과 청력 모두 떨어지지 않았고 치아 역시 한 개밖에 빠지지 않았을 정도로 건강했다. 키는 작은 편이었지만 다부진 체격이었고, 두뇌를 혹사한 탓인지 서른 살부터 새치가 생겨 말년에는 머리카락이 온통 은빛이었다.

그가 침식을 잊고 연구에 집중할 수 있었던 것도 이처럼 건장한 신체 덕분이었다. 여자 때문에 신경 쓸 걱정이 없는 독신이었고 아무리 혹사해도 견뎌내는 건강한 육체를 가졌기 때문에 충분히 집중력을 발휘할 수 있었던 것이다.

깊이 파면 솟아오르는 샘물

천재 뉴턴의 비결이 집중력 때문인 것처럼 썼지만 몇 가지 의문점은 남는다. 집중력만 있으면 뛰어난 능력이 생길까? 처음부터 뛰어난 능력이 있는 데다 집중력 때문에 자신의 능력을 더 발휘할 수 있었던 것은 아닐까?

이런 의문에 앞서 좋아하는 일이라야 잘한다는 속담을 진지하게 생각해야 할 것 같다. 누구나 아는 속담이기 때문에 이 말이 옳다는 이야기는 아니다. 하지만 우리 주변에 이 속담이 옳다는 것을 증명하는 예는 얼마든지 있다. 사진이나 실물 자동차의 일부분만 보고 차종을 알아맞히는 아이나 일본 전국의 철도 역 이름을 외우는 아이가 있다고 하자. 그들은 하루 종일 자동차 광고지나 열차 시간표를 보면서 논다. 처음부터 기억력이 좋은 것은 아니다. 좋아하는 일에 집중하면 대부분 잘 외울 수 있다.

천재적 정신 장애(Savant Syndrome)를 보면 집중력이 얼마나 경이적인 능력을 만드는지 알 수 있다. 정신과 의사들은 중증 정신 장애가 있는 인간이 경이적인 능력을 발휘하는 것을 천재적 정신 장애(Savant는 불어로 '학식있는 사람'이라는 의미)라 한다. 대럴드 A 트리퍼트(Treffert, Darold A)의 『그들은 왜 천재적 능력을 보이는가(타카하시 켄지 번역, 초사사)』에 흥미로운 예가 많이 소개된다.

과거에서 미래까지 약 4만 년 동안 어느 해 몇 월 며칠이 무슨 일인지를 그 자리에서 대답하는 사람이 있다. 하지만 숫자는 30까지도 못 세며 방금 만난 사람의 이름도 기억하지 못한다. 어떤 소년은 음악을 체계적으로 배운 적도 없는데 차이코프스키의 피아노 협주곡을 듣고 바로 피아노로 쳤다. 또 어떤 곡이라도 한 번만 들으면 한 군데도 틀리지 않고 연주했다. 그는 장님이고 식사할 때 포크조차 제대로 잡지 못하는데 말이다.

읽고 쓰기는 못하지만 계산 능력은 탁월한 정신 장애자는 '농부가 여섯 마리의 암퇘지를 키워서 일 년에 각각 여섯 마리의 암퇘지를 낳는다고 하자. 같은 비율로 8년 후에 암퇘지는 몇 마리인가?' 와 같은 문제를 10분 만에 암산으로 풀었다(답은 7의 8제곱의 6배).

그들이 어떻게 천재적인 능력을 발휘하는지에 대한 연구자들의 견해는 일치한다. 천재적 정신 장애가 있는 사람들은 자기가 좋아하고 잘하는 일, 즐거운 일에만 집중한다. 암산의 천재는 어렸을 때 100까지 숫자를 셀 수 있게 되자 소의 꼬리에 난 털을 세려고 들 정도로 다양한 것을 세고 여러 가지 방정식 푸는 것을 재미있어 했다. 연구자들은 이 경우 어느 한 방향으로만 지능이 발달하기 때문에 다른 것은 소홀히 하게 되어 정신적 장애가 생겨난다고 말한다.

결국 집중하는 것 자체가 능력을 만들어낸다. 인간은 깊이 팔수록 풍부한 능력을 분출하는 샘물을 내장하고 있다. 뉴턴과 천재적 정신 장애가 있는 사람들이 이를 실증한다.

참고 문헌

수틴 『뉴턴의 생애』, 타무라 야스코 번역, 동경 도서.
바비로프 『아이작 뉴턴』, 미츠다 히로유키, 상공 출판사.
앙드레드 『뉴턴』, 쿠보 료고 외 번역, 카와데서방신사.
하기와라 아키오 『뉴턴』, 코단샤.
시마오 나가야스 『뉴턴』, 아와나미신서.

여성 편력을 통해 배운 시인 괴테

  나는 고등학교 때 처음으로 독일에서 가장 유명한 시인 요한 볼프강 폰 괴테(Johann Wolfgang von Geothe : 1749~1832)의 작품을 접했다. 그리고 그 후 줄곧 괴테가 어떤 사람인지 궁금했다.

  그의 대표작 『파우스트』는 세 번이나 읽었다. 읽을 때마다 새로운 세계에 빠져드는 감동을 느끼고 60년이나 걸려 완성한 만큼 가치있는 대작이 분명하다고 생각했다. 『젊은 베르테르의 슬픔』 역시 아무리 읽어도 질리지 않았다. 장편 소설 『빌헬름 마이스터』도 다른 사람들은 너무 길어서 지루하다고 했지만 다시 읽고 싶은 책이다.

나는 괴테의 작품이 나름대로 훌륭하고 재미있다고 판단하고 천재라는 이름에 어울리는 시인이라고도 생각한다. 그러나 괴테에게는 내가 아무리 노력해도 이해할 수 없는 부분이 있다. 괴테는 도대체 어떤 사람이며 그가 천재인 비결은 무엇일까?

천재는 청춘을 몇 번이나 체험한다

　나는 괴테를 30년 이상 좋아했기 때문에 괴테가 오래 사귄 친구 이상의 친근한 존재로 느껴진다. 그러나 아무리 생각해도 그가 어떤 인간인지 확실한 이미지가 떠오르지 않는다. 그래서 여러 가지를 조사하다가 괴테가 천재에 대해 써놓은 글을 발견했다.

　천재는 보통 사람은 단 한 번 경험하는 청춘을 몇 번이나 경험한다.

　천재는 청춘이라는 강한 생명력 속에서 획기적인 일을 창조하고 영원히 인류에 기억되는 인간이다. 괴테는 천재가 몇 번이나 청춘을 경험한다고 했는데 이 말은 잘 이해가 되지 않는다.

과연 천재는 여러 번 청춘을 경험할 수 있다는 말인가? 뉴턴의 창조력은 일생 동안 두 번 최고조에 달했고 그 시기가 지나자 쇠퇴했다. 그 후 두 번 다시 청춘은 찾아오지 않았다.

그러나 뉴턴처럼 일생에 두 번이나 청춘을 맞이한 과학자도 드물다. 대부분 단 한 번의 청춘, 단 한 번의 위대한 발견으로 천재로 불리기 때문이다. 그렇다면 괴테는 위의 말을 자신을 염두에 두고 쓴 것이 분명하다. 그렇다면 이렇게 바꾸면 어떨까?

나는 보통 사람에게 평생 한 번밖에 오지 않는 청춘을 몇 번이나 경험했다.

그리고 이것은 괴테의 일생을 요약한 말이기도 하다. 괴테의 인생이 청춘의 반복이었다고 생각하니 그가 어떤 사람인지 알 것 같기도 하다. 아마도 계속 반복하는 청춘이라는 점에서 괴테에 필적할 만한 천재는 없을 것이다. 74세나 먹은 늙은 노인이 19세짜리 여자에게 구혼하면서도 전혀 머뭇거리지 않았기 때문이다.

장미와 사과

괴테는 60년이라는 긴 세월에 걸쳐 완성한 『파우스트』에 '예쁜 꽃은 모두 내 손으로 꺾고 싶다'고 썼다. 모두는 아니지만 사실 그는 꽤 많은 꽃을 꺾었다. 그리고 그때마다 시를 썼다.

나는 지금까지 한 번도 시를 써본 적이 없다. 그래서 시인들이 어떤 계기로 작품을 쓰는지 궁금했다. 대학 시절 문학 서클 친구와 함께 해변에 있는 기숙사에 갔을 때 별 생각 없이 바다를 보면서 시를 쓰는 것이 어떠냐고 제안했다가 자칭 시인인 친구에게 무안을 당한 적이 있다. 친구는 시란 바다를 바라보며 그림 그리듯 써서는 안 된다고 했다. 그리고 시를 쓰기 위해서는 바다나 산을 바라볼 필요가 없다고 했다.

그러나 그렇다면 도대체 어떻게 해야 하는지 정작 중요한 사실은 물어보지 못했다. 그날 이후 시인들의 창작 비결은 풀리지 않는 수수께끼로 남아 있었다. 그러던 어느 날 에커만이 쓴 『괴테와의 대화』를 읽고 시인 괴테의 창작 비결을 조금 알게 되었다.

괴테는 모든 시는 기회의 시가 되어야 한다고 했다. 시를 만들기 위한 동기와 소재는 모두 현실에 있으며 현실 속의 어떤 특수한 상황도 시인의 손을 거치면 보편적인 것이 되었다.

"내가 만든 시는 모두 기회의 시다. 현실만이 내 시를 자극한다. 나는 잎도 뿌리도 없는 인위적인 시를 그다지 좋게 평가하지 않는다."

여기서 기회란 현실 세계에서 체험하는 일을 말하며 거기에서 시는 탄생한다.

"천재는 외부에서 제공하는 것을 자신에게 이롭게 만드는 재능이 있다. 원래 있는 능력만으로 위대한 천재는 탄생하지 않는다."

이것이 바로 괴테의 또 다른 천재관이다. 이러한 그의 천재관과 창작 태도를 더하면 작품 창작 비결은 물론 삶의 방식까지 알 수 있다.

괴테는 '나는 어떤 존재이며 무엇을 창작하는가. 나는 듣고 관찰한 것 모두를 흡수하여 내 것으로 만들었다. 내 작품은 수

천 명의 사람들이 키웠다'라고 말했다.

여기서 흥미로운 문제는 누가 시인 괴테의 작품을 키웠느냐 하는 것이다. 일생 동안 몇 번이나 청춘을 느꼈으며 그것으로 자신이 천재임을 증명한다고 주저없이 말하는 것을 보면 그 답은 명백하다. 괴테에게는 평생 만난 여성들이 창작 동기이며 작품 소재였다.

천재 괴테가 어떻게 공부했는지 누가 물으면 나는 이렇게 대답하리라. 그는 여성 편력에서 모든 것을 배웠다고 말이다. 괴테는 『파우스트』에서 '장미를 보면 시를 만들라. 사과를 보면 깨물어보라'고 했다. 괴테에게 장미이자 사과였던 것, 그것은 바로 여성이었다.

손으로 만질 수 있는 것

인간은 인생에서 만나는 다양한 일을 통해 무언가를 배우고 가르치며 살아간다. 일반적으로 학습 방법과 대상은 그 사람의 타입, 즉 개인의 특성에 따라 다르다. 아이를 대여섯 명 키워도 아이들이 어떤 존재인지 전혀 모르며 아이들을 사랑하지 않는 부모가 있다. 반면에 아이를 딱 하나 키웠을 뿐인데 아이를 사랑하는 방법을 알고 아이에게 많은 것을 배우는 부모도 있다. 괴테는 여성 편력 덕분에 많은 것을 배웠고 이것은 그의 성격과도 관계가 있다.

스위스의 심리학자 칼 구스타프 융은 내향적인 타입, 외향적인 타입, 직관적인 타입, 감각적인 타입 등 지표 몇 개를 기준으로 인간을 분류했다. 그는 학습 방법이 직관적인 타입이냐 감각적인 타입이냐 하는 것과 관계가 있다고 한다. 직관적인 타입은 직관 또는 영감에 의해 사물을 이해하는 경향이 강하므로 추상적인 것을 상대하는 일은 미숙하다. 이런 타입의 사람은 수학을 잘한다. 이에 비해 감각적인 타입은 구체적인 사물을 손으로 만지고 눈으로 보는 등 스스로 시험하고 나서 이해하는 경향이 강하다. 추상적인 논리에 서툴기 때문에 모든 것을 형태가 있는 것으로 바꿔야 한다. 물론 이런 타입의 사람은 수학을 잘못한다.

괴테의 언행을 보면 그는 감각적인 타입 같다. 그는 자서전 『시와 진실』에서 소년 시절을 이렇게 회상했다.

"학교에서 기하학을 배우면 두꺼운 종이를 삼각형이나 마름모로 잘라서 놀았다."

어떤 전기 작가는 모든 아이들이 이런 놀이를 한다고 했지만 과연 그럴까? 나는 어린 시절 수학을 좋아했기 때문에 그런 놀이는 상상해 본 일이 없다. 말하자면 기하학이 뭔지 전혀 모르는 아이들이나 할 만한 행동이라는 것이다.

기하학을 아는 아이들은 종이 위에 그린 삼각형을 보고 삼각형이 무엇인지 이해한다. 그런데 괴테는 두꺼운 종이를 잘라서 손에 올려본 뒤에야 삼각형이 무엇인지 알았다는 이야기다. 사물을 이해하는 방법은 감각적인 타입의 전형이었다고 할 수 있다.

괴테는 실제로 수학을 싫어했고 아무리 해도 이해를 못했기 때문에 추상적으로 사물을 생각하는 일은 잘 못했다. 물론 철학도 마찬가지였다. 그의 친구이자 유명한 시인인 실러가 철학에 심취했을 때 괴테는 '당신이 전혀 도움이 안 되는 철학 연구에 정열을 쏟는 것을 보면 슬퍼집니다' 라고 말하기도 했다. 그는 추상적인 철학 따위보다 구체적인 지질학이나 광물학에 더 흥미가 있었다. 그래서 다양한 광석을 모았고 집에는 수집품들이 넘쳐났다.

괴테는 현실이나 진실은 손으로 만질 수 있어야 한다고 생각했다. 그의 언행에서 볼 때 손으로 만질 수 있는 것 가운데 최고는 바로 여성이었다. 일반적으로 인간은 관심있는 대상을 배우려고 한다. 따라서 괴테가 여성에게 무언가를 배운 것은 어쩌면 당연한 결과였다. 그는 『파우스트』의 마지막 구절에 이렇게 표현해 놓았다.

모든 여성적인 것만이 우리를 이끌어 올린다.

괴테의 일생은 여성이라는 존재가 그의 가치를 높이, 더 높이 이끌어준 소설 그 자체였으며 그의 작품은 그 과정의 기록이다.

경험을 미화하다

괴테는 일생 동안 몇 명의 여인과 사랑을 나누었을까? 정확한 사실은 알 방법이 없지만 괴테 본인이 자서전과 시를 통해 밝힌 사람은 열두세 명쯤이다. 이들 연인과의 만남에서 이별까지의 이야기를 자서전 『시와 진실』에 주옥같은 단편 소설로 써놓았다. 80년이 넘는 긴 인생을 각각 사랑으로 색칠해서 하나의 전설로 완성하려는 것처럼 묘사되어 있다.

첫 번째는 괴테가 14세였을 무렵 첫사랑 소녀 그레트헨과의 이야기다. 나중에 알려진 사실에 의하면 양조장 급사였던 그녀는 괴테를 어린아이 취급했다고 한다. 그러나 괴테는 그녀를 믿을 수 없을 만큼 아름답다며 칭찬했다.

순진 무구한 첫사랑은 감상적이 되기 쉽고 괴테 역시 그녀를 사랑했기에 아름답고 멋진 신세계를 볼 수 있었다고 했다.

말은 하기 나름이고 지나간 일은 모두 아름답게 느껴진다. 괴테의 자서전 『시와 진실』은 본인의 경험을 그럴싸하게 미화해서 만든 작품이다. 이것은 진실이냐 거짓이냐의 문제로 거짓에 아름다운 옷을 입혀 진실이라고 했을지도 모른다. 사실 괴테는 그녀가 자신을 아이 취급한 것을 알고 무척 화를 냈다. 그리고 그녀를 완전히 잊기까지 마음의 안정을 찾지 못해 방황했다. 소년 괴테로서는 아름다운 세계의 감격을 맛볼 상황이 아니었다.

결국 첫사랑은 실연으로 끝났지만 그는 실연에서도 무언가를 배우려고 했다. 그리고 바로 이 점이 괴테가 연애의 달인인 이유다. 그는 실연의 쓰디쓴 경험을 기억에서 지우길 바랐다. 그러나 60세가 넘어 자서전을 쓰면서도 첫사랑의 기억만큼은 여전히 신선하다고 했다. 그는 가슴 아픈 기억을 아름다운 말로 미화하여 문학사에 길이 남을 불멸의 전설로 승화시켰다.

그것이 괴테 나름의 실연 대응 방식이었다. 괴테는 그레트헨과의 러브 스토리 말고도 자신의 연애담을 오래전부터 전해 내려오는 전설인 양 아름답게 묘사했다. 이 때문에 많은 평론가들로부터 비판도 받았다.

그러나 이 부분은 괴테도 할 말이 있지 않았을까. 본인이 직접 이야기한 적은 없지만 분명히 이렇게 말했을 것이다. '과거에 있었던 일을 아름답게 꾸며서 표현하는 것만큼 멋진 일은 없다'고 말이다. 사실 생각해 보면 바로 그것이 시인의 일이 아니던가. '특수한 상황이 보편적이고 시적인 것이 된다'는 괴테의 말이 이를 잘 반영한다.

냉담한 에고이스트

『파우스트』 제1부에는 주인공 파우스트에게 버림받은 한 여인의 이야기가 나온다. 그녀는 자신의 아이를 죽인 죄로 사형에 처해지는데 이 내용은 실제 일어난 사건에서 착안했다고 한다. 또한 괴테가 사귄 수많은 여성들에게 참회하는 마음으로 쓴 이야기기도 하다.

괴테가 죽을 때까지 참회하는 마음을 품은 여성이 있다. 그녀는 어느 시골 교회 목사 딸로 괴테가 21세 때 열렬히 사랑한 프리데리케 브리온이라는 여자다. 당시 그녀는 18세였고 괴테는 대학생이었다. 괴테는 그녀에게 첫눈에 반해서 그녀를 시골 하늘에 빛나는 세상에서 가장 아름다운 별이라고 했다. 둘은 영원한 사랑을 맹세하지만 괴테는 결혼을 원하는 그녀 곁을 떠났다.

간단히 말하면 별일 아닌 것 같지만 이런 일이 모여서 기나긴 인생을 만든다. 그리고 이런 일은 아무리 써도 다 못할 만큼 많았다. 괴테는 프리데리케를 그렇게 수없이 아름다운 말로 칭송해 놓고 왜 떠났을까? 가장 중요한 이 부분에 관해 아무 언급도 하지 않은 점이 매우 이상하다. 헤어질 무렵 말에서 손을 내밀었을 때 그녀의 눈에 맺힌 눈물을 보고 그녀의 슬픔을 알았다고만 썼을 뿐이다. 얼마나 담백한 문체며 냉담한 반응인가.

연인과 헤어지는 모습을 보면 괴테가 얼마나 냉정한 사람이었는지 알 것 같다. 친구인 실러는 괴테를 '아무리 파헤쳐도 알 수 없는 인간이며 굉장한 에고이스트'로 평가했다. 프리데리케와의 이별도 그런 냉담한 에고이스트로서의 일면에 불과했을까?

괴테는 프리데리케와의 이별 이후에 슈베르트의 작곡으로

유명한 「들장미」를 비롯해 아름다운 시 몇 편을 만들었다. 그 가운데 하나인 「만남과 이별」 마지막 부분에 그는 다음과 같이 썼다.

사랑받는다는 것은 얼마나 큰 행복인가요! 그리고 사랑한다는 것은 신들이시여, 또 얼마나 큰 행복인가요!

상대 여성들은 전혀 염두에 두지 않은 채 오직 스스로 사랑하고 사랑받고 그로 인해 행복했다. 그러니까 자기만의 행복을 누렸을 뿐이다. 괴테는 그런 사람이었다.

그러나 그는 훗날 프리데리케를 회상하며 처음으로 죄책감을 느꼈다고 했다. 이런 죄의식이 대작 『파우스트』를 쓰게 한 가장 유력한 동기가 아니었을까 추측해 본다.

특수한 것을 보편적인 것으로

학습이란 경험에서 무언가를 창조하는 일을 의미한다. 무언가를 배우고 스스로 이해했다고 해서 학습이 끝났다고는 할 수 없다. 괴테가 말하는 기회의 시처럼 경험을 동기와 소재로 해서 눈에 보이는 성과를 만들어내야만 학습은 결실을 맺는다. 한 번 배우면 언젠가는 활용하고 표현해야 한다.

이런 면에서 괴테는 성실하고 근면한 학생이었다. 사랑이 하나 끝나면 반드시 시나 소설이 몇 편 탄생하는 것은 언제나 정해진 순서였다. 그러한 학습(또는 경험)과 창작의 관계에서 탄생한 작품이 바로 유명한 『젊은 베르테르의 슬픔』이다.

괴테는 프랑크푸르트에서 유복한 법률가의 아들로 태어났다. 라이프치히와 스트라스부르에서 법률을 공부했고 변호사 자격을 취득했다. 그 후 실무 연수차 부임한 베츨러라는 작은 마을에서 샤를로테 부프를 만났다. 그녀가 바로 『젊은 베르테르의 슬픔』의 주인공이며 이때 괴테의 나이 23세, 샤를로테(줄여서 로테)는 19세였다. 이 시기는 괴테가 프리데리케와 헤어진 바로 다음 해이기도 했다.

『젊은 베르테르의 슬픔』을 보면 로테에게는 이미 약혼자가 있었고 그럼에도 주인공은 로테를 사랑했으며 로테 역시 주인공에게 호감을 느꼈다. 그러나 결국 주인공은 이룰 수 없는 사랑에 절망하며 권총 자살을 한다. 마지막 부분의 권총 자살 장면만 빼면 주인공 이름이 로테라는 것까지 실화를 그대로 옮긴 소설이다.

괴테는 자신과 비슷한 상황에 놓인 친구가 권총 자살을 한 사실을 알고 『젊은 베르테르의 슬픔』을 구상했다고 한다. 이처럼 괴테를 비롯한 많은 작가들이 자신의 체험을 토대로 시와 소설을 쓴다. 괴테 이외에도 많은 작가들이 여성 편력에서 무언가를 배운다. 중요한 것은 자신만의 독특한 체험을 모든 이들이 공감할 수 있게 보편적인 작품으로 완성해야 한다는 것이다. 무엇을 배우는 그 자체가 지식이라는 보편적인 것을 상대하는 일이며 문학 작품도 보편적으로 통해야만 걸작으로 평가된다. 그런 의미에서 샤를로테 부프와 만난 지 2년 후에 발표한 『젊은 베르테르의 슬픔』은 특수한 상황에서 출발해 보편적인 것으로 발전한 성공적인 소설이다.

이 소설은 곧 베스트셀러가 되어 푸른 연미복과 노란 조끼 차림의 '베르테르 룩'을 유행시켰고 베르테르처럼 자살하는 사람도 많았다. 게다가 『젊은 베르테르의 기쁨』이라는 패러디 소설도 출판되었으며 나폴레옹은 괴테와 만난 자리에서 『젊은 베르테르의 슬픔』을 일곱 번이나 읽었다고 했다.

많은 사람들이 『젊은 베르테르의 슬픔』을 마치 자신의 이야기인 것처럼 읽었다. 괴테 역시 그렇게 생각하지 않는 사람은 불행한 사람이라고 했는데 그 말의 뜻을 알 것 같다. 나도 느껴본 적이 있는 열렬한 사랑의 심리가 그대로 묘사되어 있는 부분이 몇 군데나 있었기 때문이다.

  독자 한 명에게 감동을 주는 이야기는 백만 명에게도 감동을 줄 수 있다. 그런데 요즘 젊은이들 가운데 이 소설을 읽고 자신의 이야기라 생각하는 사람은 없다고 한다. 아마도 그들은 누군가를 열렬히 사랑한 일이 없기 때문일 것이다. 언제나 여성을 사랑한 괴테는 틀림없이 요즘 젊은이들이 불행해 보일 것이다.

심리적 위기

  괴테는 『젊은 베르테르의 슬픔』의 성공으로 20대 중반에 독일 일류 작가 대열에 합류했고 평생 『젊은 베르테르의 슬픔』의 작가로 불렸다. 그런데 그는 이 작품을 썼을 당시 '병적인 상태를 돌이키기가 두려워서 말년에 딱 한 번 다시 읽었다'고 한다. 베르테르는 젊은이들의 마음을 뒤흔드는 정신적 독감의 병원균 같은 것이었고 괴테 역시 반쯤은 독감에 걸린 상태였다. 소설 속에서 로테는 주인공 베르테르에게 무슨 일이든지 너무 열중하면 건강을 해친다고 꾸짖는다. 베르테르도 자신이 좀 더 소탈한 사람이라면 세상에서 가장 행운아였을 것이라고 한다. 괴테 역시 소설 속 베르테르처럼 중대한 심리적 위기에 빠져 있었고 그와 같은 운명을 걷게 될까 두려워했다.

그는 자서전에 그 무렵의 병적인 상태를 회상하며 이렇게 썼다.

나는 언제나 잘 연마한 단검을 침대에 두고 불을 끄기 전에 그 예리한 칼끝을 가슴에 찌를 수 있을지 시험 삼아 겨냥해 보곤 했다. 그러나 아무래도 불가능할 것 같아 우울증 환자처럼 바보 같은 짓을 하는 자신을 비웃으며 그냥 살기로 결심했다. 살기 위해서는 시인으로서 임무를 다해야 한다. 그래서 나를 괴롭히고 불안하게 만든 장면들을 눈앞에 떠올려 보았다.

이런 위기 속에서 괴테는 친구의 자살 소식과 자신의 체험을 연관 지어 『젊은 베르테르의 슬픔』을 썼다. 그러니까 자살 충동 때문에 괴로워하며 자살 직전까지 간 괴테는 소설을 쓰는 것으로 자신을 구제했다. 그리고 그런 위기 상황에서 탄생한 작품이기 때문에 사람들을 감동시킬 수 있었다. '진심에서 나온 말만이 사람의 마음을 움직인다. 스스로 실감하지 못하면 남을 감동시킬 수 없다'는 말은 바로 괴테 자신의 경험에서 나온 것이다.

괴테는 『젊은 베르테르의 슬픔』을 쓰면서 정신적 위기에서 벗어날 수 있었다. 그러나 아이러니하게도 많은 젊은이들이 이 소설을 읽고 자살했다. 베르테르를 모방해서 자살한 젊은 이들은 베르테르만큼 고뇌해서가 아니라 단지 그 스타일에 매료되었기 때문이다. 고뇌 끝에 선택한 자살이라면 일부러 푸른색 연미복을 입을 필요도 없었으며 철저히 고민했다면 자살 대신 다른 방법을 찾았을 것이다.

그런데 괴테는 병적인 상태를 체험하고 무엇을 배웠을까? 그것은 격정을 억누르는 법과 미칠 것 같은 위기 상황에서 자신을 보호하는 방법이다. 격정은 인간을 파멸로 이끄는 격류와 이웃하면서 거기에서 빠져나오는 법을 모르는 젊은이들을 집어삼켜 죽음에 이르게 한다. 베르테르 체험에서 배운 격정을 억누르는 방법은 훗날 그의 인생에 큰 도움이 되었다. 말년에 그가 바이마르 극장 무대 감독 시절을 회상하며 '내 마음을 빼앗길 것 같은 여배우도 많았고 나를 좋아하는 사람도 있었지만 나는 정신을 바짝 차리고 그래, 여기까지만이야'라고 스스로를 타일렀다고 말했다.

풍부한 경험을 한 말년의 괴테는 자신의 세계에 녹아들지 못하는 격렬하고 예측 불허한 것을 가장 싫어했다. 63세 무렵 그는 42세의 베토벤과 만났는데 베토벤의 제5교향곡 『운명』의 피아노 연주를 듣고 '너무나 웅장하다. 만약 여럿이 다 함께 연주한다면 집이라도 무너뜨릴 것 같은 기세다' 라고 했다.

괴테의 귀에는 베토벤의 음악이 기습 공격처럼 들렸을 것이고 젊은 시절의 베르테르 체험을 상기시켰을 것이다. 베르테르 체험을 하고 괴테는 무엇이든 주의 깊게 배우려는 자세를 취했다. 이에 대해 '나만의 세계를 창조하기 위해 많은 것을 배웠다. 그러나 새로운 것 또는 예상치 못한 것은 하나도 없었다' 라고 했다. 베르테르 체험이 그에게는 중요한 계기가 된 셈이다.

메타모르포제(변형) 원리

이처럼 베르테르 체험은 괴테 일생의 대사건이었다. 그러나 당시 그의 언행은 사태의 심각성과는 반대로 얼마나 재빠르게 변하는지 질려 버릴 정도였다. 상심한 마음으로 샤를로텐 부르크를 떠난 괴테는 우연히 들른 지인의 집에서 또다시 사랑의 꽃을 피웠다. '이전 사랑의 정열이 꺼지기도 전에 새로운 사랑으로 마음이 움직이다니, 이 얼마나 상쾌한 기분인가!' 라고 말하기도 했다.

상대는 맥시밀리아네라는 16세 소녀였다. 괴테는 이 소녀와의 사랑을 몇 주 동안 즐기다가 고향 프랑크푸르트로 돌아갔다. 25세였던 괴테는 또다시 프랑크푸르트 은행가의 딸이었던 당시 16세의 엘리자베스 세네만을 만나 첫눈에 반해 「새로운 사랑, 새로운 생명」이라는 시를 썼다.

마음이여, 내 마음이여, 어찌 된 일인가
내가 사랑한 것 내 슬픔의 씨앗
그 모든 것이 마치 거짓말 같구나

끊으려야 끊을 수 없는
마법의 실로
경솔한 저 여인은
억지로 나를 속박한다

나는 마법의 바퀴 안에서
저 여인의 말대로 되어간다

이 무슨 이상한 일인가!
사랑이여! 사랑이여! 부탁하노니 나를 놓아주오!

물론 괴테가 사랑을 마다할 리 없었다. 괴테는 봄에 그녀와 약혼하였으나 가을에 파혼했다. 그리고 그 해 가을 바이마르로 부임해서 생활의 안정을 찾고 샤를로테 슈타인 부인을 만났다. 그녀는 괴테보다 일곱 살 연상으로 세 자녀를 두었다. 그녀를 만난 괴테의 마음에는 다시 새로운 사랑이 싹트기 시작했고 「운명에 기대어」라는 시에 '당신은 혹시 전생에 내 누이나 부인이 아니었습니까?' 라고 썼다. 하나의 사랑이 괴테를 떠나면 곧 이어 다음 사랑이 그를 붙잡아서 새로운 시를 탄생시키는 식의 반복이 여기서도 재현되었다. 괴테의 생애에는 이런 일이 몇 번이나 반복되었다.

이렇게 괴테의 여성 편력과 작품 활동은 계속되었고 학계에서도 그는 상당한 플레이보이로 알려졌다. 당시 바이마르 공화국은 인구 6천 명의 독일 소국이었고 괴테는 그 영주의 고문관으로 국정에 참가했다. 그러나 그는 부임하자마자 오래된 광산 재개발에 착수했으나 실패했다.

그는 광산 실지 조사를 하면서 광물학과 지질학에 흥미를 느껴 희귀 광석 수집에 열중하기도 했다. 그 밖에 해부학과 식물학, 화학, 색채론 등의 연구에도 정성을 쏟았다. 특히 해부학적으로 '간악골(間顎骨)'의 흔적을 발견하기도 했는데 지금까지 인간에게는 없다고 알려진 것이었기에 그의 발견은 대단한 일이었다.

그러나 괴테보다 4년 앞서 프랑스학자가 이것을 발견했는데 괴테는 그것과 관계없이 자신의 발견을 높이 평가하지 않는 것에 학자들에게 일생 동안 불만을 품었다.

괴테의 자연관은 그 당시는 물론이거니와 현재 시점에서 봐도 매우 독특하다. 그는 생물에는 기본이 되는 존재가 있으며 그것이 다양하게 변형되어 여러 가지 다른 생물이 생긴다고 생각했다. 그 원형은 식물은 잎이고 동물은 척추였다. 물론 이것은 아마추어 연구자 한 사람의 가설에 불과하지만 자연에까지 자기 삶의 방식을 도입하려는 생각은 매우 흥미롭다. 생명이 있는 것을 움직이는 원리와 괴테가 생각하는 메타모르포제는 바로 자신의 삶의 방식이기도 했다. 여성 편력을 통해서 새로운 자신을 만드는 원리 말이다. 그리고 그에게는 자연 연구도 자신을 연마하고 변신하는 한 가지 방법이었다.

그는 '나의 감수성과 판단력에 새로운 수용력과 반응 방법을 끊임없이 이해시키고 내 자신을 무한히 완성해 갈 가능성'

에 자연을 연구하는 의미가 있다고 보았기 때문이다.

괴테에게는 '자신을 완성해 가는 일'이 가장 중요했으며 모든 학습과 경험도 그것 때문이었다. 주위의 많은 여성들, 그리고 오랜 시간이 걸린 자연 연구도 결국은 '자신을 완성해 가는 일'을 위한 것이었다.

W의 비밀

괴테가 사랑한 여성들의 공통점은 특별히 미인이 아니었다는 점이다. 괴테는 오히려 뛰어나게 아름다운 여성은 싫어했다. 상대에게 푹 빠져서 자기 자신을 잃어버릴 위험이 있기 때문이다. 적당히 달콤한 정열을 주면서도 결코 정서적으로 불안하게 하지 않는 여성을 좋아했다. 그리고 그런 여성들이 그의 작품의 동기와 소재가 되었다.

괴테가 38세에 만나 동거한 크리스티아네 불피우스도 그런 여성이었다. 그녀는 괴테보다 열다섯 살이나 적었고 바이마르에 있는 조화 공장에서 일하던 여공이었다. 동거를 시작한 이듬해에 장남 아우구스트가 태어났는데 바이마르 사교계 부인들 사이에서 크리스티아네가 버림받을 것이라는 추측이 오갔다. 그들은 괴테 정도의 높은 지위에 있는 사람이 하층계급 여자와 동거하는 것을 사소한 스캔들로밖에 생각하지 않았다.

그러나 그 후 둘은 정식으로 결혼해서 그녀가 죽을 때까지 28년을 함께 살았다. 괴테는 읽기, 쓰기를 못하는 그녀를 가르치려고 노력했지만 아무리 남을 변신시키는 데 뛰어난 능력이 있는 그도 그녀를 가르치지는 못했다. 그녀는 침대 속 애인에 불과하다는 비난을 받기도 했지만 독일에서 가장 뛰어난 서정시의 하나로 손꼽히는 「편지」의 소재가 되었다. 「편지」는 소파에서 낮잠을 자는 크리스티아네를 묘사한 시였다.

눈꺼풀에 감도는 평온함
입술에 숨겨진 무언의 지조
뺨에 머무르는 사랑스러움
조용한 가슴속 숨소리에는
착한 심성의 천진함이 머무른다

몰래 방에 들어가 그녀의 잠든 얼굴을 본 괴테는 곤히 잠든 그녀의 모습에 반해서 그녀를 깨우지 못하고 오렌지와 장미꽃을 책상 위에 올려놓고 방을 나왔다. 마흔 살의 플레이보이 괴테의 순수한 마음이 잘 전해지는 시다.

한편, 결혼을 했다고 해서 사랑의 정열이 식은 것은 아니었다. 바이마르에서 재상으로 정무를 돌보면서도 자주 여행을 떠났고 여행지에서 몇 번이나 청춘의 회귀를 경험했다. 한 가지 흥미로운 것은 그런 일들이 대체로 7년마다 일어났다는 것이다.

그는 60세에 이에나에서 18세 소녀 미나 헤르츨리프를 만났을 때 '이제 와서 갑자기 사랑이 시작된 것이 아니다. 나는 줄곧 사랑을 해왔다'고 말했으며 그녀는 괴테 말년의 걸작 『친화력』의 모델이 되었다. 7년 뒤에는 프랑크푸르트에서 30세의 마리아네 폰 빌레어 부인을 만나 『서동시집』을 썼다.

또 72세에 우연히 방문한 마리앤바더에서 17세 소녀 윌리케 레베츠를 만나 쓴 『정열 3부작』에는 '사랑이 인간에게 생기를 불어넣어 준다면 나는 아주 훌륭한 본보기다' 라는 구절이 있다. 괴테는 의사에게 그 나이에 결혼을 해도 몸에 해롭지 않은지 물었고 걱정하지 않아도 된다는 말을 들었다. 그로부터 2년 후 그는 그녀에게 청혼했고 그 소문은 곧 퍼졌다. 그러나 처음부터 수녀가 될 결심을 한 그녀는 청혼을 거절했다.

그 후 82세 생일을 한 달 앞두고 오랫동안 써온 대작 『파우스트』의 제2부를 완성했다. 마지막까지 쇠퇴할 줄 모르는 창조력의 원천은 몇 번이나 다시 살아나 생기를 불어넣어 준 청춘 덕분이었다. 젊음과 생기가 있었기에 배움과 창조를 향한 의욕이 용솟음쳤다. 그리고 괴테에게 젊음과 생기를 제공한 여성이야말로 가장 큰 창작의 원동력이었다.

괴테가 임종할 때 남긴 '더 많은 빛을'이라는 말은 아주 유명하다. 이것은 죽음의 문턱에 가까이 갈수록 점점 앞이 보이지 않았기 때문에 방을 밝게 해달라는 이야기였다. 그런 상황에서 누구나 할 수 있는 말이다. 그런데 그보다 더욱 흥미를 끄는 일은 말조차 할 수 없을 지경에 이르렀을 때 방석 위에 손가락으로 쓴 'W'라는 글자다. 이것은 괴테의 이름인 볼프강(Wolfgang)의 W나 세계(Welt)의 W로도 해석할 수 있지만 나는 여성(Weib)의 W가 아닐까 생각한다.

이 단어야말로 괴테의 생애를 정리하는 데 가장 어울리는 말이 아닐까? 괴테의 생애는 바로 이 'W'를 둘러싼 소설 그 자체였기 때문이다.

다시 한 번 『파우스트』의 마지막 부분을 인용한다.

모든 여성적인 것만이 우리를 이끌어 올린다.

참고 문헌

괴테 『시와 진실』, 코마키 타케오 번역, 이와나미 문고.

에커만 『괴테와의 대화』, 야마시타 하지메 번역, 이와나미 문고.

하이네만 『괴테전』, 오노 준이치 번역, 이와나미 문고.

프리덴탈 『괴테』, 히라노 마사시 외 번역, 고단샤.

독서의 황제 나폴레옹

일벌레 나폴레옹

  세계사에 이름을 남길 만한 영웅이라면 신화나 전설 같은 이야기가 따라다니게 마련이다. 프랑스 황제로 유럽에 대제국을 건설한 나폴레옹 보나파르트(Napoléon Bonaparte : 1769~1821)에 관해서도 다양한 이야기가 전해진다.
  잘 알려진 예로 나폴레옹은 하루에 세 시간만 잤다는 이야기가 있다. 이것은 대부분의 사람들이 나폴레옹에 대해 알고 있는 내용 가운데 하나이다. 나는 초등학교 때 처음 이 이야기를 들었고 그 후로 줄곧 그것이 사실인지 아닌지 몹시 궁금했다. 하루에 단 세 시간만 자다니 도대체 인간으로서 가능한 일인가?

이 이야기는 메이지 시대에 일본에 전해졌다. 메이지 초기에 태어난 세균학자 노구치 히데요(野口英世)는 '나폴레옹 주의'를 외치며 젊은 시절 하루 세 시간 수면으로 맹렬히 연구에 매진했다. 노구치는 다분히 쇼맨십이 강했기 때문에 실제로 매일 나폴레옹 주의를 실행에 옮겼다고는 믿기 어렵다. 나폴레옹이 세 시간밖에 못 잔 날도 있었겠지만 언제나 그랬다고는 생각하지 않기 때문이다.

나폴레옹이 하루에 세 시간만 잤다는 전설적인 이야기를 도대체 누가 만들었는지 확실하지는 않다. 그러나 거짓말을 잘 하는 어느 전기 작가가 생각해 낸 것임에 틀림없다.

나폴레옹은 하루에 일곱 시간 정도 잠을 잤고 그럼에도 오후가 되면 종종 꾸벅꾸벅 졸았다는 측근들의 목격담도 있다. 또 보통 사람보다 더 많은 수면 시간이 필요했다는 설도 있을 만큼 이 대단한 영웅도 평범한 사람과 마찬가지로 밤에는 충분히 잔 모양이다. 수면 시간에 대한 전설보다 더 흥미로운 사실은 나폴레옹이 언제, 어디서나 자고 싶을 때 잠들 수 있는 특기를 가졌다는 것이다. 그는 포탄이 날아다니는 전쟁터에서도 의자에 앉아 잘 잤다고 한다.

이처럼 나폴레옹의 '하루 세 시간 수면' 전설은 아무런 근거 없이 지어진 이야기다. 그러나 아무리 연기 같은 전설에도 한 조각 불씨는 있는 법이다. 나폴레옹은 하루 열여덟 시간을 일한 적도 많았을 만큼 일 중독이었다는 점이 그 불씨다.

나폴레옹은 자신의 일하는 모습을 이렇게 표현했다.

"나는 일을 빨리 끝낸 다음에 천천히 생각한다. 내가 언제, 어떤 질문에도 대답할 수 있고 어떤 일도 할 준비가 돼 있는 것처럼 보이는 것은 일을 기획하기 전에 긴 시간 차분히 생각하고 예측하기 때문이다. 천부적인 재능도 느닷없이 나타나지는 않는다. 저녁 식사 시간이나 극장에서도 언제나 일을 생각한다. 밤에도 깨어 있는 한 일을 한다. 나는 아마 일하기 위해 태어났을 것이다."

나폴레옹이 일벌레였음은 같은 시대를 산 사람들의 증언으로도 알 수 있다. 그리고 그 역시 '나는 남들처럼 두 시간이면 될 일을 결코 이틀 동안 매달리지 않는다'라고 하여 일 처리를 잘하지 못하는 사람에 대한 지적도 잊지 않았다. 나는 이 말을 떠올릴 때마다 예전 어느 회사에서 근무했을 당시 거래처에서 본 '일하는 능력이란 눈앞의 일을 그 자리에서 정리할 수 있는 능력이다' 라는 말이 생각난다. 다만 그 정도 경지까지 오르지 못한 내 자신을 반성할 따름이다.

나폴레옹이 살던 시대에는 일벌레, 그러니까 요즘식으로 말하면 워커홀릭은 아마 외경이나 감탄의 대상이었을지도 모른다. 나폴레옹의 부하들은 상사가 맹렬히 일하는 모습에 비명을 질러대기만 했다. 그 점만 봐도 일부러 하루 세 시간만 잔다고 자랑할 것도 없이 나폴레옹은 다른 사람들 눈에는 독특하다고 할까, 경이롭다고 할까 그런 종류의 형용사를 몇 개나 나열해도 모자라지 않는 한 차원 다른 세계의 인물이었다.

불가능을 향한 도전

나폴레옹에 관한 전설 가운데 또 다른 유명한 말이 있다.

내 사전엔 불가능이란 없다.

이 말의 출처도 예전부터 궁금했지만 찾을 수가 없었다. 그러나 '하루 세 시간 수면' 전설과는 달리 이 말은 거짓말 잘하는 어느 전기 작가의 창작이 아니라 실제로 나폴레옹이 비슷한 말을 했다고 한다.

　스페인과의 전쟁 중에 정찰을 마치고 돌아온 장교에게 '이 산길은 뚫고 나가기가 불가능합니다' 라는 보고를 받고 나폴레옹은 이렇게 말했다.

　"불가능하다고? 나는 그런 말은 모른다. 불어에는 불가능이란 단어는 없다. 불가능은 소심한 사람들의 환영(幻影)이며, 비겁한 사람들의 피난처일 뿐이다."

　서양의 위인, 영웅, 천재들의 언행을 교훈적으로 정리한 스마일즈의 『셀프헬프』는 메이지 시대 초기 『서국입지편(西國立志編)』이라는 책으로 번역되었다. 그 책에는 '할 수 없다는 단어는 어리석은 사람들의 사전에만 있다' 는 나폴레옹의 말이 나온다.

　나폴레옹의 생애는 줄곧 불가능에 대한 도전이었다. 평범한 군인과 정치가가 망설이는 곳도 그는 전진했다. 이탈리아 원정 때는 알프스의 험준한 돌산에 길을 만들며 군대를 이끌었다. 그 일 역시 보통 사람들은 불가능하다고 생각한 것을 가능하게 한 나폴레옹 나름의 방식이었다.

　어쨌든 나폴레옹이 동시대 인물뿐만 아니라 후세 사람들까지도 감탄하게 만든 것은 틀림없는 사실이다. 그와 만나 이야기를 나눈 괴테는 '이 사람이야말로 제대로 된 인간이다'라고 했다. 나폴레옹과의 전쟁을 기록한 톨스토이의 『전쟁과 평화』는 나폴레옹을 숭배하는 러시아 군인과 귀족을 자세히 묘사하고 있다. 이런 사실만 봐도 이탈리아를 제외한 유럽 전역 사람들이 나폴레옹을 숭배한 것을 알 수 있다.

나폴레옹에 관한 책을 펼치면 '천재 나폴레옹'이라는 글귀를 자주 접할 수 있다. 나폴레옹의 어떤 면이 천재인지 생각할 겨를도 없이 처음부터 그를 천재라 말한다. 아마도 저자들은 나폴레옹을 너무 잘 알아서 친근한 존재로 느꼈기 때문에 그렇게 썼을 것이다.

사실 나에게 나폴레옹은 그렇게 친근한 존재가 아니다. 그는 내게 역사상 유명한 인물 가운데 한 사람에 지나지 않는다. 지금까지 소개한 모차르트나 괴테를 같은 동네에 사는 잘 아는 아저씨라고 한다면 나폴레옹은 일 년에 두세 번밖에 본 적이 없는 옆 동네의 은둔자에 비유할 수 있다. 그 정도의 관계에서 대체 그가 어떤 사람이며 얼마나 위대한지 이야기하는 것은 불가능하다.

나폴레옹 밑에서 외무장관을 역임한 타레이란은 '나폴레옹은 보기 드문 천재다. 그의 정력, 상상력, 지적 능력, 추진력을 보면 절로 감탄이 나온다. 그의 생애는 과거 천 년 동안에도 찾아보기 힘든 천재의 그것이었다'라고 말했다. 하지만 나는 그가 왜 천재라고 불렸는지 잘 모르겠다.

천 년에 한 번 탄생할까 말까 하는 천재라니, 타레이란이 지나치게 칭찬하는 것 같다. 그러나 계략과 독설로 유명했던 타레이란이 그렇게까지 말할 정도면 나폴레옹은 천재임에 틀림없다고 생각해야 하는지도 모른다.

새로운 전술의 발견

과연 나폴레옹은 어떤 천재였을까?

당시 역사적 사건을 보면 전쟁의 천재라는 표현이 가장 적합한 것 같다. 흔히 그를 전쟁의 천재, 또는 군사의 천재라고 부르는데 그런 표현에 과연 천재라는 명칭을 써도 될지 의문이다. 이 점에 관해서는 이 글 마지막에 언급할 생각이지만 군대 리더였던 그의 전투 태세를 당시 사람들뿐만 아니라 전기 작가나 역사학자들 모두 '천재적'이라는 형용사를 붙인다. 나폴레옹 군대가 화려한 전공을 세운 것은 틀림없는 역사적 사실이다. 그리고 그것은 '6일 동안 6전 연승, 12개월에 1다스

승리'라는 문구만 봐도 알 수 있다. 당시 전쟁 기록을 보면 나폴레옹은 연전연승이라는 거의 기적에 가까운 전승으로 알렉산드로스 대왕에 버금가는 군사적 천재로 알려져 있다.

알렉산드로스 대왕은 기원전 4세기에 마케도니아에서 인도에 이르는 대제국을 건설했다. 그리고 그 이후 2천 년이 지나 나타난 인물이 바로 군사 천재 나폴레옹이다.

천 년에 한 명이든 2천 년에 한 명이든 상관없이 군사적 천재는 언제나 승리하는 사령관을 가리킨다. 나폴레옹은 26세에 이탈리아 원정군 사령관으로 임명받은 후 중간의 3년 정도 평화로운 기간을 제외하면 언제나 전쟁터를 돌아다녔다. 46세에 마지막 전투인 워털루 전투에 패배하여 세인트헬레나 섬으로 추방되기 전까지 전쟁터에서 생활한 셈이다.

그렇다면 도대체 얼마나 많은 전투에 참가했을까? 나폴레옹 자신은 자세히 기억하고 있었는데 나중에 세인트헬레나 섬에서 이렇게 이야기했다.

"나는 60번이나 전투에 참가했다. 첫 번째 전투에서 배운 것을 제외하면 그 후로는 아무것도 배우지 못했다."

그 첫 번째는 이탈리아 원정 전투로 나폴레옹은 3만 8천 명의 군대로 8만 명의 적군을 격파했다. 두 배 이상의 군사를 이기다니 역시 전쟁의 천재답다는 생각은 들지만 사실 나폴레옹의 천재성의 비밀은 아주 단순한 것이었다.

나폴레옹은 말했다.

"군사학은 주어진 지점에 얼마나 병력을 투입하느냐를 계산하는 것이다."

이 계산의 답은 적보다 많은 병력을 투입하는 것이다. 그러기 위해서는 어떤 지점에 집결하는 적의 병력을 미리 예측해야 한다. 정확히 예측해서 그보다 더 많은 아군 병력을 투입하면 반드시 이긴다는 것이 나폴레옹의 병법이다. 군인들의 사기나 무기에 큰 차이가 없으면 승패는 군사들의 수로 결정된다는 것이 옛날부터 내려오는 변하지 않는 전쟁터의 원리다. 문제는 전투가 행해지는 지점에서 대결하는 병력의 차이다.

언제나 모든 군대가 함께 싸우는 것이 아니라 계산대로 군대를 집결하고 이동할 수 있으면 배 이상의 상대를 격파하는 일도 가능하다. 이탈리아 원정에 참가한 어느 병사의 종군 일기를 보면 그 경이적인 승리는 천재 나폴레옹의 완벽한 부대 이동에 의한 것이라고 한다. 이것만 봐도 나폴레옹이 얼마나 정확하게 계산하고 또 계산대로 군대를 움직였다는 것을 잘 알 수 있다.

이처럼 병력 집중과 기동력은 전쟁터에 비행기가 등장하기 이전인 제1차 대전 무렵까지 기본적인 전술론으로 인정받았다. 군사 역사학자들은 이런 전술을 처음으로 발견하고 실천한 사람이 바로 나폴레옹이라고 말한다.

당시 나폴레옹과 같은 군사 학교에서 공부한 많은 사람 가운데 왜 나폴레옹만 새로운 전술을 발견했을까? 바로 여기에서 천재가 얼마나 열심히 공부했는지 하는 중요한 테마가 등장한다. 나폴레옹은 파리 육군사관학교에서 군사학을 배웠는데 성적은 미래 천재의 탄생을 예고할 만큼 뛰어나지는 않았다. 보통이라면 2년 걸리는 과정을 1년 만에 수료한 점은 높이 평가할 만하지만 58명 가운데 42등의 성적을 보고 빛나는 미래를 예상하는 사람은 아무도 없을 것이다. 또 전쟁의 천재로 불릴 것이라고 예측한 사람도 없을 것이다.

나폴레옹은 '천재는 전쟁 중에도 사색한다'고 했는데 이를 기업 용어로 하면 '온 더 잡 트레이닝'이다. 일을 하면서 일을 배운다는 의미로 나폴레옹은 이를 전광석화처럼 행동으로 옮겼다. 말하자면 '찰나의 학습'인 것이다. 그는 첫 직장에서 전쟁이라는 '일'을 배우고 지금까지 아무도 몰랐던 방법을 발견

천 재 의 공 부 법

해서 실행에 옮겼다. 그리고 그 이후부터는 배울 것이 아무것도 없었다. 더 이상 배울 것이 없는 우수한 사원이 많으면 기업 관리자는 기업을 이끌어가기 편할 것이다. 그러나 배움은 끝이 없는 것으로 항상 학습하는 자세를 가져야 한다.

이집트학의 시작

나폴레옹은 일생의 대부분을 전쟁터에서 보냈지만 전쟁에서만 재능을 발휘한 것은 아니었다. 전쟁의 평화로운 시기에 그가 무엇을 했는지를 보면 평화에 대응하는 능력도 뛰어났다는 사실을 알 수 있다.

이탈리아 원정에 이어 계속된 이집트 원정에 나폴레옹은 원정군의 사령관이라기보다 한 나라의 통치자 같은 감각으로 행정 능력 전반에 걸쳐 뛰어난 능력을 발휘했다. 나폴레옹에겐 이집트 원정에 그를 사령관으로 임명한 프랑스 혁명 정부는 상상할 수도 없는 원대한 야망이 있었다. 그 야망은 이집트에서 인도까지, 2천 년 전 알렉산드로스 대왕이 이룩한 것과 같은 대제국을 건설하는 것이었다. 그리고 이집트 원정을 그것을 위한 출발점으로 삼았다. 당시 나폴레옹은 29세였고 알렉산드로스 대왕은 그 나이에 이미 인도에 도착해 있었다.

하지만 왕국을 이어받은 대왕과 달리 일개 포병 소위에서 승진한 나폴레옹으로서는 그다지 늦은 것이 아니었다. 오히려 이례적으로 빠른 승진이었고 처음에는 자기보다 나이 많은 부하들에게 명령하는 것도 어려워했다.

나폴레옹의 이집트 원정은 결국 실패로 끝났지만 이집트에서 선보인 그의 통치자로서의 수완은 군사적 천재와는 다른 면모를 보여준다. 조세법 작성을 위한 부동산 조사, 지방의회 제정, 행정관 임명, 경찰 창설, 도로, 학교, 병원, 미술관을 건설하는 등 나라 하나를 건설하는 것처럼 일했다. 중요한 것은 나폴레옹은 이 모든 일을 행하고 관리할 만큼의 충분한 능력이 있었다는 것이다.

게다가 이집트와 나폴레옹과의 관계에서 잊어서는 안 되는 사실은 이집트 원정과 함께 '이집트학'이라는 새로운 학문을 시작한 것이다. 여러 분야의 학자를 2백 명 정도 이집트에 데려간 것을 보면 그가 이집트를 학문의 대상으로도 생각했음을 알 수 있다.

나폴레옹이 피라미드 앞에서 '4천 년의 역사가 너희들을 내려다보고 있다'고 말하며 병사를 격려한 것은 잘 알려진 이야기다. 또 '이 피라미드 세 개로 높이 3미터, 두께 30센티의 벽을 만들면 프랑스 전역을 에워쌀 수 있다'고 말한 것으로 보아 프랑스에서 수학자를 데려온 것이 분명하다.

　나폴레옹은 이집트에서 다양한 물건을 가지고 왔는데 그 가운데 하나가 '로제타스톤'이었다. 당시 '로제타스톤'은 의미를 알 수 없는 문자가 새겨진 작은 돌에 불과했다. 그러나 후에 샴포리온이라는 프랑스인이 그 문자를 해독한 것을 계기로 이집트학이라는 새로운 학문이 생겨났다. 그리고 그 사실이 지금은 세계 역사에 기록된 중요한 항목이 되었다. 대제국 건설과 새로운 나라 통치, 그리고 학술 연구야말로 2천 년 전 알렉산드로스 대왕의 업적과 완전히 일치한다.

　알렉산드로스 대왕은 고대 그리스 철학자 아리스토텔레스를 가정교사로 두고 다양한 것을 배웠다. 그리고 인도로 원정을 떠나기 전 많은 학자를 동행하여 새로운 토지의 견문을 아리스토텔레스에게 보고했다. 아리스토텔레스는 나일강의 원천이 인도라고 생각했는데 인더스 강이 바다로 흘러가는 것을 목격한 알렉산드로스 대왕에게 보고를 받고 자신의 낡은 지리관을 정정했다.

　알렉산드로스 대왕은 차례차례 정복한 토지에 새로운 나라를 건설하고 종교가 다른 사람들에게도 관용적인 종교 정책을 펼쳤다. 그리고 나폴레옹은 그런 알렉산드로스의 정책을 따랐다.

나폴레옹은 프랑스 통치자가 된 뒤 『나폴레옹 법전』이라는 민법을 제정하고 현재 파리의 골조를 형성한 도시 계획을 세웠다. 도로망을 건설하는 등 새로운 프랑스 건설에 앞장섰으며 군인으로서 또 정치가로서의 재능을 아낌없이 발휘했다.

그런데 전쟁을 할 때나 그렇지 않을 때나 나폴레옹을 움직인 것은 과연 무엇이었을까?

그것은 오직 하나, 야심이었다.

그는 '야심이야말로 인간의 주된 원동력이다'라고 말했다. 그리고 그를 공부로 이끈 것도 단순한 호기심이 아니라 대제국을 건설하고자 하는 야망이었다.

고독한 야심가

나폴레옹은 1799년 30세에 '브뤼메르 18일의 쿠데타'를 통해 실질적으로 프랑스를 지배했다. 왕정제 타도 혁명을 한 지 몇십 년밖에 지나지 않았는데 스스로 황제라 칭한 것이다. 그리고 이는 상당한 야심가가 아니면 실행에 옮기기 어려운 일이었다. 그는 10대 중반 무렵 파리 육군사관학교 시절부터 야심가로서의 자질을 보였다. 사관학교 교관은 나폴레옹을 이렇게 평가한다.

"말수 적고 고독을 즐기며 변덕스럽고 거만했다. 극단적인 에고이스트였다. 힘있는 대답을 하는 학생으로 임기응변에 강했다. 자존심 세고 야망이 가득하며 총애할 만한 학생이었다."

에고이스트이고 자존심 강한 야심가는 정치가에게 있음직한 특징들의 조합이다. 10대 중반에 이미 '야망이 가득했다는 것은 보통이 아니다. 그런 성격 덕분에 다른 사람보다 1년이나 먼저 졸업을 했지만 그렇다고 특별히 공부만 한 학생은 아니었다. 그가 공부에 빠져든 것은 군대에 근무하면서부터이다. 학생 때 나폴레옹은 어두운 얼굴과 음울한 성격, 빈약하고 왜소한 남자라는 그다지 좋지 않은 이미지였다.
10대 초반을 지낸 학창 시절 가운데 나폴레옹 전기에 빠지지 않고 등장하는 에피소드가 있다.

교정 구석에 학생들이 각각 한 구역을 맡아 야채와 꽃을 재배하는 곳이 있었다. 친구들에게 따돌림을 당한 나폴레옹은 그곳에 혼자 우리를 만들어 놀거나 책을 읽었다.

독서의 황제 나폴레옹

야심가들에게는 어두운 면이 조금씩 있는데 나폴레옹도 예외는 아니었다. 그의 수많은 초상화를 비교해 보면 우울함이 감도는 공통점이 있다. 소년 시절 나폴레옹은 언제나 혼자 놀고 혼자 산책하기를 즐기며 생각에 빠져 있는 아이였다. 이런 점은 성인이 돼서도 크게 변하지 않았다. 언제나 학급에서 가장 키가 작았으며 어른이 되어서도 신장이 평균 이하인 데다 너무 말라서 고양이가 장화를 신은 것 같다고 놀림을 받기 일쑤였다.

이렇듯 외모는 사령관으로서 병사를 지휘하는 영웅의 이미지와는 거리가 멀었다. 나폴레옹이 이탈리아 원정군 사령관이었을 당시 한 병사는 종군 일기에 나폴레옹을 다음과 같이 묘사했다.

용모, 태도, 옷차림 등 어느 것 하나 관심을 끌 만한 것이 없었다. 당시 내가 나폴레옹을 본 바를 기록하면 다음과 같다. 작은 키, 빈약한 체구, 창백한 얼굴, 크고 검은 눈, 말라빠진 뺨, 어깨까지 내려오는 긴 머리칼.

이 병사는 혁명이 끝나고 얼마 지나지 않은 당시엔 군대 리

더는 군사 능력보다 육체적 자질이나 외모로 선발되었다고 했다. 나폴레옹은 이 점에서 상당히 불리했고 그 때문에 군사 능력까지도 모자라 보였다고 한다. 그러나 마지막 전투에서 나폴레옹은 재능을 발휘했고 '우리에게 있었던 힘 그 이상을 낼 수 있게 지휘했다'고 덧붙였다.

사람을 움직이는 것은 얼굴보다 두뇌다. 사람들은 나폴레옹의 머리를 '서랍 같은 머리'라고 불렀다. 그의 머리 속에는 전쟁뿐만 아니라 법률과 재정, 상업, 문학에 이르기까지 다양한 지식이 각각 서랍처럼 정리되어 있어서 필요할 때 언제라도 꺼내기만 하면 되었다. 논쟁이 생기면 치밀한 논리로 상대를 제압하고 결단력과 추진력도 뛰어났기 때문에 어느 누구도 그의 야망을 막을 수 없었다.

그는 어떻게 '서랍 같은 머리'가 될 수 있었을까?

대답은 간단하다. 책을 많이 읽었기 때문이다.

천재의 비결, 독서

예나 지금이나 가장 좋은 공부 방법은 책을 많이 읽는 것이다. 가능한 많은 책을, 가능한 광범위한 분야에 걸쳐 읽는 것이다. 천재라고 선천적으로 불가사의한 능력을 안고 태어났을 리는 없다. 다만 많은 책을 읽어서 머리 속에 지식을 비축하고 언제 어디서 만날지 모르는 미지의 상황에 대비할 뿐이다. 그렇게 함으로써 지금까지 어느 누구도 알지 못했던 진리를 발견하는 것이다.

독일의 철학자 쇼펜하우어는 독서는 남이 내 대신 생각해 주는 것이므로 책 읽기에만 몰두하면 두뇌 활동이 둔해진다고 했다. 하지만 책을 읽고 아무것도 생각하지 않는 사람이 있을까? 사람들은 대부분 책을 읽으면 반드시 어떤 일을 생각하고 거기에 자극을 받은 두뇌는 예상치 못한 훌륭한 능력을 발휘한다.

공부는 바로 이런 것이며 천재는 이런 일련의 것들을 충실히 수행한 사람이다.

나폴레옹은 유년기부터 죽을 때까지 탐욕스러운 독서광이었다. 유독 독서에 집중한 때는 파리 육군사관학교를 졸업하고 이제 막 군인이 된 16세부터였다. 내 경험에 의하면 이런 시기에 집중적으로 독서 습관을 익힌 사람은 일생 동안 독서를 멀리하지 않는다.

나폴레옹은 이 시기에 서점의 책을 모두 다 읽을 정도로 독서에 열중했다고 한다. 종류도 전문적인 전술서와 포술서(砲術

書) 외에 역사, 지리, 법률, 수학, 문학 등 다양한 분야에 이른다. 수학은 학생 시절부터 가장 자신있는 과목이었는데 세인트헬레나 섬으로 유배 가는 배 안에서도 수학 문제를 풀었다고 전해진다. 법률 분야에 관한 책으로는 유스티니아누스의 『법전(일명 『로마 대헌법』)』을 하루 만에 독파했을 정도였다. 훗날 새 헌법과 민법을 기초할 때 기존 법률학자들에게 지지 않을 정도의 법률 지식을 펼친 것도 독서 덕분이었다.

나폴레옹은 괴테와 만난 자리에서 『젊은 베르테르의 슬픔』을 일곱 번이나 읽었다고 말해 대문호를 대단히 감동시켰다. 그는 문학 작품을 읽는 것도 좋아했지만 젊었을 때는 소설도 몇 편 썼다고 한다. 그다지 대단한 작품은 아니라고 하지만 아내인 죠세핀에게 보내는 편지를 보면 문장 실력이 상당히 뛰어났음을 알 수 있다.

그런데 중요한 사실은 그가 손에 잡히는 대로 책을 읽어치운 것이 아니라 요약과 발췌, 감상 등을 기록한 독서 노트를 만든 것이다. 감상을 적으면 그 작품을 더 많이 생각하게 된다. 사물을 생각하는 최선의 방법은 쓰는 것이지만 독서가 차선의 방책이라면 책을 읽고 독서 노트를 쓰는 일이야말로 가장 좋은 공부 방법이다.

나폴레옹이 전쟁터에서 나라를 통치하면서도 사람들을 감

탄시킬 만한 능력을 발휘할 수 있었던 것은 판단력을 길러주고 막대한 양의 정보를 제공한 왕성한 독서 덕분이었다. 나폴레옹이 천재인 비결은 독서에 있는 것이다.

　독서가 군사나 정치에만 도움이 된 것은 아니다. 역사가나 전기 작가의 평가에 의하면 그는 상당한 학식과 교양을 갖춘 인물이었다고 한다. 같은 시대 사람들 역시 그의 학식을 높이 평가했다. 그 증거로 아직 권력을 잡기 전인 1797년 나폴레옹은 프랑스 학사원 회원으로 선발되었다. 무엇보다 본인은 군인이 아닌 문인으로 인정받은 것이 자랑스러웠을 것이다. 군대에 보내는 명령서에도 꼭 프랑스 학사원 회원이라고 쓸 만큼 이 직위를 명예롭게 생각했다.

　세인트헬레나 섬으로 추방당해서 인생의 마지막 6년을 보내면서도 항상 책을 읽었으며 서고에는 3천 권 이상의 책이 소장되어 있었다.

이름난 카피라이터

　제대로 된 소설가가 되기 위해서는 많이 읽고 많이 쓰는 수련 과정이 필요하다. 나폴레옹은 많이 읽고 많이 쓰기는 했지만 소설가가 되기에는 부족했다. 그러나 그가 요즘에 태어났다면 이름난 카피라이터가 될 자질은 충분했다. 그가 남긴 여러 문서들, 그 가운데 '병사들에게 고한다'와 같은 문장을 읽어보면 유명한 카피라이터들도 부러워할 정도로 뛰어난 자질이 있었음을 알 수 있다.

예를 하나 들어보자. 다소 길지만 이탈리아 전투에서 처음으로 군대를 지휘했을 당시의 훈시 내용이다.

병사들이여, 제군은 벌거벗고 제대로 먹지도 못했다. 정부는 제군에게 여러 가지 짐을 지우면서도 무엇 하나 해주지 않구나. 제군의 인내, 이 돌산에서 제군이 발휘하는 용기는 너무나도 훌륭하다. 그러나 그로 말미암은 어떠한 명예나 영광도 기대하지 마라. 나는 제군을 세계에서 가장 비옥한 땅으로 데려갈 것이다. 풍요로운 대지와 광활한 도시가 모두 제군의 것이다. 제군은 그곳에서 명예와 영광과 부를 누릴 것이다. 이탈리아 원정군 병사들이여, 제군의 용기와 끈기는 계속될 것이다.

이 카피를 보니 1900년 이탈리아의 남극 탐험가 어네스트 샤크르톤 경이 런던 신문에 낸 다음과 같은 구인 광고가 떠오른다.

 탐험 대원 구함. 힘든 여정. 적은 보수. 극심한 추위. 암흑 속에서의 긴 시간. 끝없는 위험. 생환에 대한 보증없음. 성공하면 명예와 찬사를 얻음.

 힘든 일과 적은 보수, 낙관할 수 없는 상황, 그러나 명예와 영광의 가능성이 있는 이런 일이야말로 인간을 자극한다는 것을 두 사람은 모두 알고 있었다. 샤크르톤 경은 영국 남성 전체가 자신의 동료가 될 결심을 한 것처럼 굉장한 관심을 보였다고 했다. 아마 나폴레옹도 비슷한 기대가 있었을 것이다. 사람의 마음을 움직여서 목적지(전쟁 또는 구인 모집에 대한 응모, 상품의 구매 등)까지 유도한다는 점에서는 군대 사령관의 훈시나 구인 광고도 상품 광고와 크게 다르지 않다.
 나폴레옹의 명 카피를 하나 더 소개하자. 다음은 1805년 러시아와 오스트리아 군대에 압도적인 승리를 거둔 아우스터리츠 전투의 '병사에게 고한다' 이다.

 "병사들이여, 조국의 행복과 번영을 지키기 위해 필요한 것을 모두 달성하면 제군을 프랑스로 돌려보낼 것이다. 고국에 돌아가면 나는 제군에게 많은 배려를 해줄 것이다. 프랑스 국민은 제군을 보고 기뻐할 것이다. 그리고 제군이 '나는 아우스터리츠 전투에 참가했다'고 말하면 이런 대답을 들을 것이다. '아, 당신은 진정한 용사입니다.'"

이런 말을 듣고 의욕이 생기지 않을 병사는 없을 것이다. 나폴레옹은 사람의 마음을 장악하는 재능도 있었다. 그렇지 않고서 일개 포병 소위가 황제의 자리에까지 오르는 일은 불가능하다.

나폴레옹이 얼마나 사람의 마음을 사로잡는 재주가 있었는지는 엘버 섬을 탈출해서 파리로 향하는 도중에 일어난 일을 보면 잘 알 수 있다. 그는 앞을 가로막는 병사에게 가슴의 단추를 풀어 제치며 말했다.

"병사들이여, 나를 기억하라. 제군 가운데 황제를 죽이고 싶은 병사가 있거든 죽여도 좋다. 나는 여기에 있다."

갑자기 누군가 '황제 만세!'를 외쳤고 병사들은 일제히 나폴레옹에게 합류했다.

이처럼 사람의 마음을 끌기 위해서는 남의 마음을 꿰뚫어

볼 줄 알아야 한다. 그리고 그 사람이 무엇을 바라는지도 알아야 한다. 이러한 나폴레옹의 통찰력은 1802년부터 지금까지 계속되는 레지옹 도뇌르 훈장을 제정할 때 그가 회의에서 한 말에서 잘 나타난다. 훈장 제정은 왕정제를 연상시키므로 혁명 시대에 어울리지 않는다는 반대 의견에 그가 말했다.

"프랑스인은 십 년간의 혁명에도 전혀 변하지 않았다. 그들은 명예에 대한 어렴풋한 느낌만 있을 뿐이다. 이제는 이 느낌에 구체적인 양식을 제공해야 한다. 그들에게는 영광이 필요하다. 프랑스 국민이 외국인들의 훈장에 얼마나 존경심을 갖는지 보라."

인간의 심리를 간파하는 관찰력과 가슴을 울리는 말로 사람의 마음을 장악한 데는 그의 반짝이는 큰 눈이 효과가 있었다. 그의 초라한 외모는 앞서 언급한 대로지만 나폴레옹의 큰 눈에는 사람을 끄는 박력과 매력이 있었다.

마음에 와 닿는 훌륭한 말과 커다란 눈, 광고 용어로 말하면 좋은 카피와 아이캐처가 나폴레옹에게 있었던 것이다.

비양심적인 이성과 지혜

나폴레옹은 많이 공부했고 자신의 능력을 힘껏 발휘하여 새로운 역사를 만들었다. 그는 아주 뛰어난 배우였으며 나도 이제 나폴레옹을 숭배하는 사람들의 마음을 알 것 같다.

그러나 그는 자신의 천재성을 어디에 발휘했을까? 세상에는 머리 좋은 사람, 일 잘하는 사람, 남의 마음을 잘 사로잡는 사람, 장사를 잘하는 사람 등 다양한 능력의 사람들이 있다. 그것들은 한 개인으로서 세상을 살아가기 위해 필요한 능력이지만 천재 정도가 되면 모든 세상 사람들을 위해 자신의 능력을 펼쳐야 한다.

나폴레옹은 천재를 이렇게 정의한다.

"천재는 세상을 비추기 위해 자신을 불태우도록 운명지어진 유성이다."

나폴레옹은 18세기부터 19세기 초까지 십몇 년 동안 자신을 태워 세상을 밝혔다. 그리고 그는 세상을 비추는 유성임에 만족하며 자신의 천재성에 취해 있었다.

그러나 그 천재도 유럽 전체를 전쟁 속으로 밀어 넣고 수많은 사람을 죽이지 않았던가. 프랑스의 저명한 역사학자 미슈레는 '나폴레옹을 예찬하는 것은 폭력을 숭배하는 것과 같다'고 했는데 나도 이 말에 전적으로 동감한다. 나폴레옹 전쟁에서 죽어간 프랑스인은 수백만 명에 달한다. 나폴레옹 전쟁의 승리 때문에 적군과 아군 모두 셀 수 없이 많은 생명을 잃었다. 이런 사실을 잊은 채 나폴레옹을 순수하게 숭배할 수 있는가?

나폴레옹은 자신을 상황의 산물 또는 운명의 자식이라고 생각했다. 그리고 그의 야망을 달성하기 위해 유럽 전체가 치뤄야 할 희생에도 전혀 개의치 않았다. 또 냉철함이야말로 지배자가 될 사람에게 있어야 할 최대의 자질이라고 말하기도 했다. 그와 같은 시대 사람들을 비롯하여 그를 분석한 후세 사람들은 하나같이 그가 얼마나 냉혹한 에고이스트인가를 지적한다. 한 나폴레옹 연구자는 '나폴레옹은 인간을 자신의 변덕과 야심을 만족시키기 위한 도구로 여겼다'고 말한다. 쇼펜하우어는 '세계를 지배하는 것은 선인지 악인지 분간이 가지 않는 의지'라며 이렇게 말했다.

"나폴레옹은 나쁜 인간은 아니다. 그는 자신의 번영을 위해

타인을 희생시키는 에고이스트일 뿐이다. 그리고 그를 특징 짓는 것은 이 의지를 만족시키는 커다란 힘이다. 그는 이런 희귀한 힘이 있었기 때문에 인간 의지의 사악함을 모두 공개했다."

 이렇게 보면 나폴레옹은 인간의 사악함을 나타내는 대명사라 볼 수 있다. 세상을 지배하는 것은 이성이라고 생각한 독일의 철학자 헤겔이 베를린에 입성하는 나폴레옹의 용기있는 모습을 보고 '이것이야말로 세계 정신이다'라고 감격한 것하고는 상당히 대조적이다.
 나폴레옹은 인간의 사악함을 나타내는 사람인가, 이성의 훌륭함을 나타내는 사람인가. 나는 쇼펜하우어의 말에 동의한다. 나폴레옹은 자신의 이상을 실현하기 위해 공부했고 실제로 그의 의도대로 되었는지도 모른다. 그러나 세상 사람들은 나폴레옹의 공부와 이상 실현으로 피해를 입은 것이 아닐까? 프랑스인이라면 모르겠지만 이웃 나라 사람들에게 나폴레옹은 귀찮은 천재였다고 한다. 그의 천재성 덕분에 이웃 나라는 파괴와 죽음과 지배만이 남았기 때문이다.
 미국의 철학자 에머슨은 나폴레옹의 생애를 '비양심적인 이성과 지혜의 일생'이라고 했다. 선과 악을 구분하지 않고 상관

하지도 않으며 오로지 자신만을 생각하는 인간, 그런 사람은 공부를 하면 할수록 세상의 평화와 행복에 위험한 존재가 될 뿐이다. 그러한 의미에서 '천재' 나폴레옹이 더 기억 속에 남아야 하는지도 모르겠다.

참고 문헌

칼베 「나폴레옹」, 이노우에 코지 번역, 문고 코세쥬.

오브리 편 「나폴레옹 언행록」, 오즈카 유키오 번역, 이와나미 문고.

나가츠카 타카지 「나폴레옹」, 요미우리 신문사.

료즈노 요시히코 「반(反) 나폴레옹 고(考)」, 아사히 신서.

조숙한 아이 다윈

　요즘 학교 교육은 개성 중시를 슬로건으로 내세운다. 그러나 아무리 봐도 교사의 교육과 학생의 학습 모두 개성이 결여된 느낌이다. 또 사교육의 연장인 문화 센터 등에서 행해지는 평생 교육도 유행이지만 이 역시도 너무 획일적이다.

　사람마다 생김새나 성격이 다르듯 공부하는 방법도 제각각이다. 교육학자들은 어떤 방법이 가장 좋은지 머리를 싸매고 고민한다. 그러나 아직 모든 사람에게 공통된 최선의 방법은 발견되지 않았다.

　개인의 성격과 취향, 목표에 따라서 교육과 학습 방법은 다양하다. 또 학창 시절과 사회인이 되어서, 정년 퇴직 후 등 시기에 따라 학습 방법과 자세는 변하기 마련이다. 중요한 것은 자신에게 맞는 방법을 찾는 것이며 이때 평생을 학문 연구에 이바지한 사람들을 참고로 하면 좋다. 그들은 평생 동안 생각하고 학습하는 것을 직업으로 한 사람들이기 때문에 공부 방법에 관해 프로라 할 수 있기 때문이다. 그리고 그들은 개성에 맞는 공부 방법을 알고 있다. '이런 방법이 있구나'라고 깨닫는 것만으로도 사물에 대한 견해와 사고방식에 새로운 안목이 생길 것이다. 아이가 있는 부모라면 양육 방식에 대한 힌트도 얻을 수 있다.

모든 아이들은 역사에 이름을 남길 학자나 천재가 될 가능성이 있다. 또 그렇게 되지는 않더라도 가능한 빠른 시기에 배우는 즐거움을 익히도록 도와야 한다. 그래야 인생을 풍요롭고 행복하게 살아갈 수 있는 자질을 얻을 수 있다. 이를 위해 아이들에게 맞는 공부 방법을 곰곰이 생각해 보는 것은 부모 된 도리다.

진화론으로 유명한 영국의 생물학자 찰스 다윈(Charles Robert Darwin : 1809~1882)을 보자. 그는 어렸을 때부터 오랜 시간 천천히 자기의 개성과 호기심을 키워 새로운 학문 세계를 개척한 학자다. 다양한 자연 현상의 관찰을 통해 자연 선택에 의한 진화론을 발견했다. 그리고 자신에 대해서도 자세히 관찰하여 스스로 '나는 매우 조숙한 아이였다'고 분석했다. 이 말에 그의 공부 비결이 있다.

상처받기 쉬운 마음

미래의 천재나 위인도 어렸을 때는 보통 사람들과 그다지 큰 차이가 없었다. 아이들은 각각 개성이 넘치기 때문에 거의 모든 아이들에게서 미래의 천재를 예감할 수 있다. 또 남다르게 개성이 뛰어난 아이들도 많다. 따라서 부모의 눈에 자신의 아이가 천재적인 시인이나 화가로 보인다고 해도 전혀 이상하지 않다. 사실 그 시기에는 모든 아이들이 다 천재처럼 보이기 때문이다.

그러나 뛰어난 개성과 숨은 능력을 성장한 후에도 발휘하는 행운을 누리는 사람은 아주 드물다. 아름다운 꽃을 피기도 전에 꺾고는 시간이 지나서 후회해 봐야 소용없는 일이다. 중요한 것은 바로 아이들 자신이다. 다윈은 생물이 어떻게 자연 환경에 대응하면서 진화하는지 조사했다. 모든 아이들은 가정이나 사회라는 환경 속에서 스스로 개성을 꽃피우기도 하지만 시들어 버리는 시련을 겪기도 한다. 그러나 본인의 의지만 있다면 이러한 시련 속에서도 얼마든지 개성을 꽃피울 수 있다.

다윈은 의사 가문의 여섯 형제 가운데 둘째 아들로 태어났다. 그의 자서전에는 두 살 아래 여동생보다 기억력이 나빴으며 초등학교 때 교장 선생님이 게으름뱅이라고 불렸던 일 같은 어린 시절의 시련이 적혀 있다. 그는 아마 자서전을 그런 일들에 항의하는 기분으로 썼을지도 모른다. 혹은 어렸을 때는 좀 모자라는 아이였지만 훌륭하게 성장했다는 것을 보여줌으로써 성장이 느린 아이들의 부모에게 자신감을 주고 싶었는지도 모른다. 어쨌든 기억력이 나쁘다거나 게으름뱅이라고 하는 것은 아이들에게 큰 상처가 된다. 그러므로 부모는 아이들에게 무심히 던지는 말 한마디에도 신경을 써야 한다.

어른들은 어린이란 존재가 어른 못지 않게 감수성이 예민하다는 점에 주의를 기울이지 않는다. 어른이 되면 귀에 거슬리는 소리를 들어도 '입이 거친 사람이군' 또는 '바보 같은 놈 다시는 상대하지 않는다'며 그냥 지나칠 수 있다. 그러나 세상을 살아가는 지혜를 모르는 아이들은 남이 무심코 하는 말을 진심으로 받아들여 마음에 상처를 입는 일이 많다. 어른들은 반론하는 방법을 모르는 상대에게는 아무리 그것이 사실이라도 상처 주는 말을 해서는 안 된다는 것을 안다. 그러나 정작 자기 아이들에게는 무심코 그런 말을 해버린다. 그것은 육아나 가사, 또는 회사 일로 바쁜 부모의 마음이 해이하다는 증거이다. 아이들은 어른 이상으로 상처받기 쉬운 감수성의 소유자라는 사실을 잊지 말아야 한다.

어린 다윈이 부모와 학교 선생님들의 말 한마디에 얼마나 상처를 받았는지 정확히는 알 수 없다. 그렇지만 다행히도 아이들에겐 그런 마음의 상처를 치유할 힘이 있다. 남이 뭐라 해도 자기가 하고 싶은 일을 하려는 의지가 바로 그것이다.

다윈은 화학을 좋아하는 형의 조수를 하며 화학 실험을 했다. 그런데 학교에 그 사실이 알려지자 친구들은 그에게 '가스'라는 별명을 붙였고, 선생님들은 그런 소용없는 일에 시간을 낭비한다고 꾸짖었다. 당시에는 화학 수업이 없었기 때문이다.

그러나 다윈은 친구들과 선생님이 뭐라 해도 자신이 좋아하는 일을 그만둘 생각은 없었다. 이것은 발명왕 에디슨도 마찬가지였다. 돌이켜 보면 어린 시절 누구나 한 번쯤은 이런 일을 겪었을 것이다.

수집에 열중하는 아이들

어린 시절 누구나 한 번은 무언가를 수집해 본 경험이 있을 것이다. 돌이나 투구벌레, 조개껍질에서 미니카나 인형에 이르기까지 아이들이란 존재는 대개 늘 무언가를 모은다. 나 역시 어린 시절 잠자리나 매미를 모으곤 했다.

다윈은 훗날 남아메리카나 남태평양 등지 섬에서 여러 종류의 희귀 동식물을 수집하였으며 그것이 진화론을 구상하는 중요한 계기가 되었다. 그에게 있어 수집이란 유년 시절부터 죽을 때까지 취미며 일이었다.

어린 다윈은 조개껍질이나 봉투에 붙은 스티커, 지폐, 돌멩이까지 무엇이든 모으기 좋아하는 소년이었다고 한다. 다윈이 보통의 다른 수집가들과 달랐던 점은 바로 '무엇이든 모았다'는 것이다. 무엇이든지 모으고 싶어지는 사람이야말로 '진정한' 수집가라 할 수 있다. 내가 아는 어떤 수집광은 녹슬어 버리는 탓에 계속 보관하는 것이 어려워 그만두기는 했지만 슬롯머신 구슬까지 모았었다.

그의 형제들 중에는 특별히 무언가를 수집하는 것에 관심이 있는 사람이 없었기 때문에 다윈은 자신의 수집은 타고난 것이었다고 한다. 나는 인간이란 원래 적든 많든 모두 수집가의 기질을 갖고 태어난다고 생각한다. 만약 그렇다면 인간에게 있어서 무언가를 수집한다는 것은 어떤 의미일까?

천 재 의 공 부 법

내가 아는 어떤 일곱 살박이 소녀의 취미는 길바닥에 굴러다니는 더러운 돌멩이를 주워 깨끗이 씻어서 소중히 간직하는 것이다.

아이들은 도대체 왜 그런 일을 하며 어떤 생각으로 돌멩이나 조개껍질을 모으는 것일까?

물건을 모으는 것은 말하자면 세상의 일부를 오려서 자신의 것으로 만드는 일이다. 그리고 그 세상의 단편을 소유하는 것에 만족하고 편안함을 느끼는 것이다. 또 무언가를 수집한다는 것은 이 세상에서 어떤 질서를 찾아내려는 시도라고 할 수 있다. 세상이 아직 친숙하게 느껴지지 않고 이해할 수 없는 세상사에 압도당하기만 했던 아이들은 자기 나름의 방식으로 세상을 이해하려고 한다. 모르기 때문에 두려움이 생기는 것이다. 알게 되는 순간 두려움은 누그러지고 세상사에 안심하게 된다.

세상을 알게 된다는 것은 세상 속에서 질서나 법칙을 찾아내는 것이다. 아이들이 모으는 돌멩이는 세상의 질서를 알리는 상징이다. 돌멩이를 잘 알게 됨으로써 세상을 알게 되며 그것을 모으는 것은 세상을 알고자 하는 일종의 시도이다. 돌멩이를 모으는 아이들은 이런 시선으로 봐야 한다.

그러고 보니 무언가를 수집하는 것에 교육적인 기능이 있음을 알 수 있다. 인간이 자연 지식을 쌓아 학문을 이룬 것도 거슬러 올라가면 자연에 있는 다양한 생물과 무생물을 주워 모아 이름을 붙여준 것에서 출발한다. 어쩌면 아이들은 인류의 지적 생활 초기 단계를 무의식 중에 반복하고 있는지도 모른다. 물건을 수집하는 행동은 아이들이 저절로 알게 되는 최초의 공부 방법이다. 그리고 다윈에게는 평생 계속된 것이기도 하다.

부모와 자식의 조용한 싸움

다윈은 8세에 어머니를 여의고 아버지 밑에서 자랐다. 아버지는 다윈의 수집벽을 좋아하지 않았다. 그의 자서전에는 '너는 사격과 개와 쥐를 잡는 것 외에는 아무 일도 하지 않는구나. 계속 그런 짓만 하면 너뿐만 아니라 우리 가족 전체가 너 때문에 부끄러워진다'는 아버지의 말이 적혀 있다. 다윈의 아버지는 마치 자신의 어린 시절에는 그런 일이 전혀 없었던 것처럼 말했다.

그의 아버지는 아들이 과학의 역사에 새로운 장을 열 위대한 학자가 되리라고는 꿈에도 생각지 못했을 것이다. 다윈이

'대기만성'형 인간이라는 사실은 나이가 들어서야 드러났기 때문에 아버지가 다윈을 꾸짖는 것도 무리는 아니었다.

의사인 아버지는 아들이 가업을 이어주기를 바라며 다윈을 에든버러 대학 의학부에 입학시켰다. 보통 이 시기부터 아이의 개성과 부모의 의지는 보이지 않는 조용한 싸움을 시작한다. 부모가 시키는 것을 아이가 원하지 않는 경우가 많기 때문이다. 부모가 자신들이 원하는 방향으로 자식을 이끌기 위해 노력하는 것처럼 아이들도 자신의 이상을 실현하기 위해 노력한다. 그리고 아이들은 이 무렵부터 개성을 발휘하기 시작한다.

다윈은 대학 강의도 지루했고 해부학 실습에도 적응이 안 됐다. 수술을 끝까지 지켜보지 못하고 중간에 도망간 적이 있는데 그 후로 단 한 번도 실습에 출석하지 않았다. 이렇게 해서는 의사가 될 가망이 없었다. 또 아버지가 평생 안락한 생활을 할 수 있을 만큼 재산을 물려주리라 생각하고는 의학 공부를 그만두었다.

한편 에든버러 대학에서 아들이 어떻게 공부하는지를 알게 된 아버지는 다윈은 의사가 될 수 없다고 생각했다. 이렇게 의학 공부는 2년 만에 중단되었고 아버지와 자식의 조용한 싸움 제1라운드는 아버지의 양보로 끝이 났다.

그 후 아버지는 다윈을 목사로 만들고자 케임브리지 대학 신학부에 입학시키려고 했다. 아들을 무조건 의사로 만들려고 무리하게 강요하지 않고 궤도를 수정한 점에서 아버지의 관용을 엿볼 수 있다. 동시에 아버지의 명령에 따른 아들의 순수함도 주목할 만하다. 다윈은 특별히 반항하지 않고 모든 것을 대세에 맡기는 것 같았지만 자신의 의지 또한 굽히지 않았다.

목사는 의사처럼 특별한 공부를 하는 것이 아니라 대학 교육 전반에 걸친 지식만 있으면 되었다. 그러나 다윈은 수학 성적이 나빴다. 그는 대수가 어떤 의미인지 몰랐기 때문에 수학 공부는 지루하다고 했다. 그가 좋아한 것은 조개껍질과 돌멩이처럼 손으로 만지고 눈으로 볼 수 있는 것이었다.

시인 괴테도 그런 타입의 인간이었다. 그들은 그들 나름의 공부 방법으로 큰 성과를 이루었다. 다윈이 얼마나 수학과 인연이 없었는지는 '수학을 잘하는 사람은 특별한 감각이 있다'라는 말에 잘 나타나 있다. 그러나 다윈은 에든버러 대학 시절에 해부학 실습 대신 이 '특별한 감각'을 익히지 않은 것을 후회했다.

인간의 능력과 감각의 폭을 처음부터 좁게 할 필요는 없다. 최근 일본에서는 수학 능력 시험이라는 명목 아래 과목을 대폭 줄였다. 대학에서도 그렇게 하기를 원한다지만 두뇌 활동이 유연한 젊은이들에게 더 많은 것을 가르쳐야 하는 것은 아닐까? 능력과 감각의 폭을 확대하는 것이 교육의 목표이며 10대들은 충분히 이를 수용할 능력이 있다.

어쨌든 다윈은 케임브리지 대학을 졸업하고 아버지의 기대대로 목사가 될 조건을 갖추었다. 그러나 22세, 대학을 졸업한 시점에서 아버지와 아들의 조용한 싸움은 결말이 났다. 다윈은 목사가 될 생각이 전혀 없었기 때문이다.

풍뎅이 세 마리

아이들은 부모의 의견을 따르면서 한편 자신의 인생을 살기를 원한다. 개성있는 인간이란 바로 그런 인간이다. 가끔 부모의 말을 못 들은 척할 때도 있다. 다윈도 그럴 때가 있었다.

다윈은 유년 시절 수집을 시작으로 죽을 때까지 부모가 무슨 말을 해도 자신이 원하는 길만을 고집했다. 의학을 배웠어야 할 에든버러 대학에서는 박물학자들의 모임인 프리니 협회에 가입해 최초의 연구 발표를 했으며 어부들과 함께 해양 동물 채집을 다녔다. 목사가 되기 위해 입학한 케임브리지 대학에서도 정작 그가 열중한 것은 풍뎅이 채집이었다. 그가 얼마나 열정적인 수집가이며 조숙한 아이였는지는 자서전을 통해 엿볼 수 있다.

뭐니 뭐니 해도 내가 케임브리지에 와서 가장 열중한 일은 바로 이 풍뎅이 채집이다. 어느 날 늙은 나무껍질을 벗기다가 희귀한 풍뎅이 두 마리를 발견하고는 한 마리씩 손에 넣었다. 그리고 또 한 마리를 발견했다. 놓치면 너무 아쉬울 것 같은 마음에 오른손에 있던 녀석을 입속으로 냉큼 집어넣었다. 그런데 세상에! 녀석이 얼마나 매운 액체를 뿜어내는지 혀가 다 타버릴 것 같았다. 어쩔 도리 없이 그 녀석을 뱉었다. 녀석은 재빨리 도망갔고 그 바람에 세 번째 녀석도 놓쳐 버렸다.

다윈은 대학생이 되어서도 유년 시절의 일을 반복하며 끝없이 몰입하는 스타일이었다. 케임브리지 대학에서는 식물학, 동물학 교수들과 친분을 쌓았고 훔볼트의 『남아메리카 여행기』를 읽은 뒤 스페인어를 배우기도 했다.
   그는 박물학과 생물학, 요즘으로 말하자면 생태학 등의 라이프 워크에 관심이 많았는데 그것은 비글호 항해를 계기로 더 구체적으로 발전했다. 비글호는 영국 해군이 남아메리카 대륙을 측량하기 위해 파견한 조사선으로 다윈은 박물학자로서 승선 기회를 얻었다. 그런데 다윈의 아버지는 성직자로서의 경력에 오점으로 남을까 봐 비글호 승선을 반대했다. 아버지는 여전히 아들이 목사가 되기를 바랐지만 다윈은 아버지의 뜻에 순순히 따르지 않았다. 만약 그대로 일이 진행되었다면 다윈은 『종의 기원』을 쓸 일도 없었을 것이며 어디 조용한 시골 목사로 풍뎅이나 채집하며 살았을지도 모른다.

그러나 그 이전부터 다윈의 능력에 주목한 숙부의 설득으로 아버지는 반대를 거두고 아들의 출항에 동의했다. 그로부터 5년 뒤 항해에서 돌아온 다윈은 훌륭한 박물학자가 되어 있었다. 아들의 진로를 둘러싼 부자 간의 조용한 전쟁은 아들의 승리로 끝났다.

다윈은 5년간의 항해에서 무엇을 체험하고 배웠을까?

관찰자

조사선 비글호에 박물학자로 승선한 다윈은 대서양에서 남아메리카, 남태평양, 오스트레일리아, 인도양, 그리고 아프리카 대륙 남단을 돌아 영국으로 귀항하는 세계 일주를 했다. 항해는 4년 10개월 동안 계속되었고 영국으로 돌아왔을 때 다윈은 27세였다. 자세한 항해 내용은 『비글호 항해기』에 기록되어 있다. 이 책은 상당히 재미있는 항해기면서 다윈의 가장 중요한 공부 기록이다.

비글호로 항해하면서 다윈은 어떤 공부를 했을까?

그는 선천적인 수집가로 수집 자체가 학습이라고 했는데 비글호 항해를 계기로 자연계의 관찰 능력도 학습 능력이 된다는 것을 깨달았다. 수집가에게 관찰력은 필수 능력이며 수집가는 관찰자이기도 하다. 하지만 관찰 능력에도 진화가 있다. 모든 능력과 마찬가지로 관찰력도 활용에 따라 연마된다.

시련을 만나고 자극을 받을수록 능력은 더 향상된다. 항해라 해도 언제나 배만 타는 것은 아니기 때문에 배가 기항지에 상륙하면 탐험 여행도 하고 처음 보는 동식물도 관찰했다. 그때 넓힌 견문이 다윈에게 얼마나 큰 공부가 되었는지 『비글호 항해기』의 다음 문장만 봐도 알 수 있다. 브라질 리오에 상륙했을 때의 기록이다.

영국에서는 걷기만 하면 주의를 끄는 물건을 발견할 수 있 때문에 산책을 통해 꽤 많은 것을 얻었다. 그런데 이 지방의 풍요로운 풍토는 어디에 가도 생물이 충만하고 시선을 끄는 것이 한없이 많아서 걸을 수도 없을 지경이었다.

이 문장에서 남아메리카 자연의 풍요로움에 강한 인상을 받은 다윈의 뛰어난 관찰력을 느낄 수 있다. 다윈이 자연에 심취해 걷는 것조차 힘들었다는 그곳을 보통 사람은 그냥 지나쳤을 것이다. 보통 사람이 볼 때 다윈은 특별한 감각의 소유자였다. 그 사실은 다윈 본인도 충분히 자각했으며 자서전에도 썼다.

나는 사람들이 놓치기 쉬운 사물을 주의 깊게 보고 관찰하는 면에서 다른 사람들보다 뛰어나다고 생각한다.

비글호 항해 동안 그는 이러한 뛰어난 관찰력을 단련할 수 있었다. 항해기 곳곳에 관찰에 대한 욕구가 드러나 있다. 『비글호 항해기』는 갈라파고스 제도에 관한 이야기로 유명한데 이것은 긴 항해기의 극히 일부에 지나지 않는다. 어느 부분을 봐도 물고기가 물을 만난 듯 생생한 호기심과 관찰력이 약동하며 '내 눈을 자극하는 것이 너무 많아서 걸을 수조차 없었다'는 다윈의 기분을 잘 알 수 있다. 눈에 보이는 모든 것에 관심을 기울이며 찾아보지 않고는 못 견디는 다윈의 관찰 기록을 극히 일부분밖에 소개할 수 없는 것이 유감스럽다.

조숙한 아이 다윈

다윈은 문어가 카멜레온처럼 몸 색깔을 미묘하게 변화하는 모습, 반딧불이가 빛을 내는 구조와 죽고 난 후 24시간이 지나도 계속 빛을 낸다는 것을 확인했으며, 방아벌레가 얼마나 높이 뛰는지 보며 즐거워했다. 특히 방아벌레의 높이뛰기 테스트는 나도 어린 시절에 해본 것이다. 그 동그스름한 벌레를 보면 누구나 해보고 싶을 것이다.

　동물과 식물, 광물 조사를 직업으로 하는 박물학자나 보통 사람에게 왕성한 호기심은 똑같이 관찰의 출발점이 된다. 그런데 다윈의 호기심은 종종 박물학의 틀을 넘어섰다.

　다윈은 해변에서 낙뢰로 모래가 유리처럼 변해 긴 관이 생긴 것을 발견한 일이 있다. 그는 이것을 보고 큰 강 하구에서 천둥이 많이 치는 것은 대량의 담수와 해수가 혼합돼 전기적 평형이 파괴되기 때문은 아닐까 생각했다. 이 정도는 박물학자로서 당연한 관심일 수도 있지만 그는 더 나아가 낙뢰 피해를 입은 집을 직접 방문해서 그 모습을 자세히 조사했다.

　벽의 일부는 화약이 폭발한 것처럼 부서졌고 그 파편 때문에 반대 벽면은 울퉁불퉁해졌다. 연두색 거울은 검게 탔으며 황금색 도료는 증발했다. 벽난로 위 코담배 상자는 금속성 물질로 덮여서 에나멜처럼 굳었다. 이런 기록이 박물학자의 일은 아니지만 이 기회를 통해 사물을 자세히 관찰하고 기록하는 훈련을 한 것이다. 이런 식의 호기심 일탈이 다윈의 연구 비결이었다. 대발견은 대부분 기존의 틀을 넘어선 관찰, 즉 일탈에서 시작된다.

새로운 '마음의 습관'

『비글호 항해기』는 동식물과 지질에 대한 관찰과 기술이며 나름대로 의미있는 작업이었다. 그러나 일탈, 즉 왕성한 호기심과 관찰력, 기술력을 더 잘 나타내는 예를 한번 살펴보자. 바로 칠레에서 체험한 대지진에 관한 보고이다.

다윈은 이 보고서에서 대지를 가르는 균열과 파괴된 도시의 모습을 자세히 전하며 사상 최대의 대지진일 것이라고 추측했다. '지진은 2분간 계속되었다. 그 순간 마음속에서 몇 시간을 생각해도 모자랄 만큼 불가사의하고 불안한 생각이 들었다'고 했다. 또 지진의 느낌을 '작은 삼각파를 만난 배의 움직임이나 체중 때문에 깨질 것 같은 얇은 얼음 위를 걷는 것과 비슷했다'고 묘사했다. 그는 직접 큰 흔들림을 체험하지는 않았지만 진원지 근처 도시의 참상을 목격한 충격을 이렇게 전했다.

"아무리 대제국이라 해도 지진 한 번으로 충분히 파괴될 수 있다. 영국도 마찬가지다. 지진이 일어나면 모든 문서나 기록 따위는 한순간에 사라질지도 모른다."

처음으로 지진을 경험한 다윈의 느낌이 잘 전해진다. 파괴된 도시 앞에서 '영국을 떠난 이후 이렇게 흥미로운 광경은 본 적이 없다'고 말하며 지진학자가 되어도 될 만큼 큰 흥미를 느꼈던 모양이다. 실제로 영국인 물리학자 유잉은 난생처음 한 지진 체험을 계기로 지진학 연구를 시작했다. 그는 메이지 시대 초기에 일본에서 처음 지진을 체험했고 그 충격으로 지진학을 연구했다. 그는 지진계를 만들고 지진파에는 상하로 흔들리는 P파와 좌우로 흔들리는 S파가 있다는 것을 발견했다. 일본의 지진학이 지진에 익숙한 일본인이 아니라 영국인 물리학자의 일탈에서 시작된 점이 흥미롭다.

한편 박물학 아마추어에 불과했던 젊은이는 5년간의 항해를 통해 학자가 되었다. 다윈 자신도 자서전에서 인생의 첫 번째 훈련은 바로 그 항해였다고 회상했다.

비글호 항해를 통해 얻은 성과는 한마디로 말해 새로운 마음의 습관을 익힌 것이다.

나는 생각하거나 독서하는 모든 것을 내가 본 것이나 보려 하는 것과 직접 관련지었다. 이런 습관은 5년 동안의 항해에서 연마했다. 내가 과학에 관해 한 모든 일들은 이때의 단련 덕분이다.

다윈은 어렸을 때부터 관찰한 것은 모두 이해하고 설명하길 원했다. 그러기 위해서는 바로 이러한 마음의 습관이 필요하다. 그는 항해 중에 아버지에게 이런 편지를 썼다.

미약하지만 자연 과학에 공헌하는 것이 훌륭한 생애를 보내는 방법일 것 같습니다.

긴 항해에서 돌아온 아들을 본 아버지는 '이 녀석, 머리 모양이 완전히 변했구나'라고 했다. 여전히 성장하고 있는 20대 젊은이라고는 해도 5년 동안 머리 형태가 완전히 변하는 일이 가능한지 의문스럽다. 그러나 다윈은 아버지도 예리한 관찰력의 소유자이므로 아버지의 말이 틀린 것은 아닐 것이라고 했다. 실제로 다윈의 머리 모양은 그동안 완전히 변했다. 그의 해석에 의하면 항해 중의 단련 때문에 머리 형태가 변했다고 한다. 새로운 마음의 습관이 새로운 머리형을 만들었을까? 매일 보아 익숙한 자신의 아이에게도 이런 일이 일어날지 모른다. 어쨌든 다윈은 27세가 되어서야 진짜 자기 머리를 갖게 되었다.

이론을 만드는 사람

이렇게 해서 진짜 자기 머리를 갖게 된 다윈은 다양한 동물과 식물을 수집하고 관찰하여 법칙과 이론을 발견하는 일을 시작했다. 수집과 관찰을 좋아하는 사람에서 이론을 만드는 사람이 된 것이다.

다윈이 시작한 작업은 한마디로 말해 지구상에 존재하는 다양한 생물은 어떻게 태어나 지금에까지 이르렀나 하는 것이었다. 혼자만의 관찰과 이론으로 이 어려운 문제들을 어디까지, 어떻게 풀 수 있을 것인가? 이것이 비글호 항해에서 돌아와 죽을 때까지 40년 이상 그가 생각한 것이다.

한편 다윈은 갈라파고스 제도에서 휜치라는 작은 새를 발견했다. 오늘날 이 새는 다윈 휜치로 불리는데 부리의 크기와 형태에 따라 열세 종류로 분류된다. 다윈은 같은 종류의 새가 이렇게 다른 이유는 무엇일까 고민했다. 그리고 그것을 계기로 같은 종류의 생물이라도 자연 환경에 따라서 변종이 출현한다는 것을 알 수 있었다. 자연 환경에 잘 적응한 것, 즉 오랜 시간 자연에 있으면서 그 가운데 선택된 것만이 새로운 종으로 남는다는 사실을 말이다. 이것이 자연 선택에 의한 생물의 진화라는 다윈의 이론이다. 이 이론에는 여러 비판이 있지만 현재에도 진화의 출발점이 되는 것은 바로 이 이론이다.

물론 다윈이 여기까지 도달하기 위해서는 긴 시간이 걸렸다. 그리고 긴 시간 동안 천천히 연구했다. 이렇게 획기적인 발견을 했음에도 스스로 완전히 이해할 때까지 시간이 필요했다.

또 다른 학자들의 다양한 비판도 참고했다. 진화의 원리에 관한 이론을 구상한 것은 29세였지만 『종의 기원』이라는 책을 발표한 것은 50세 이후의 일이었다. 그것도 알프레드 럿셀 워렌스라는 박물학자가 비슷한 내용의 논문을 집필한다는 소식을 듣고 부랴부랴 발표한 것이다. 이런 경우는 진화론뿐만 아니다. 알 수정 연구는 12년 이상이 걸렸고 죽기 직전에 쓴 『지렁이의 작용에 의한 토양 문제』라는 책은 10년 동안 지렁이를 연구한 결과였다.

기다릴 수 있는 인간과 그렇지 못한 인간이 있다. 아이디어가 무르익을 때까지 인내심을 갖고 자신의 페이스를 관철한 것도 다윈의 개성이다. 어린 시절에 부모나 선생님이 무슨 말을 하든 자기의 개성을 끝까지 고집한 사실은 이미 쓴 대로다. 그는 사회나 학문 세계에서도 같은 방식을 취했다.

그러나 『종의 기원』 발표가 지연된 것은 당시 과학계 동향이나 사회적 가치관에 대한 배려 때문이기도 했다. 당시는 과학과 종교가 대립하던 시대였다. 모든 생물은 신이 창조한 것이며 영원불변이라는 성서의 가르침이 널리 퍼져 있었다. 그러나 다윈은 종(種)은 변화하며 하등 동물이 진화해서 인간이 만들어졌다고 생각했다. 당시 가치관으로 보면 이것은 분명한 일탈이다. 그는 이러한 자신의 일탈이 사회적으로 수용되기를 기다린 것이다.

다윈은 자신이 발견한 이론이 신앙심 두터운 부인에게 상처가 될까 봐 걱정했다. 그러나 한편 '이전에 천문학자들이 받은 박해를 명심하자'라는 말을 노트에 남겼다. 지동설을 주장한 갈릴레오가 종교 재판에 회부된 기억이 아직 생생한 시대였다. 성서의 가르침에 위배되는 우주론을 발표해서 화형에 처해진 죠르다노 부르노라는 과학자도 떠올렸을 것이다. 또 어느 식물학자에게 '당신의 명성이 확립되기 전까지는 이론을 발표하지 마세요. 그렇지 않으면 남들이 의심합니다'라는 편지를 보내기도 했다.

『종의 기원』을 발표할 무렵 다윈은 이미 유명한 학자였다. 학문 세계에도 때때로 전략이 필요하다는 것을 다윈을 통해 알 수 있다.

다윈의 삶은 졸속을 나무라며 느림의 이점을 가르쳐 준다. 아이들에게 언제나 '빨리빨리 해!'를 외치는 부모는 다윈에게 배울 점이 많을 것이다.

사소한 것부터 생각한다

주변의 사소한 소재를 이용하여 위대한 연구를 이룩한 것은 다윈만의 독특한 방법이었다.

그는 63세에 『인간과 동물의 표정』이라는 책을 썼다. 이 책은 장남의 성장 기록을 적다가 표정 발달에 흥미를 느껴서 시작한 연구 결과이며 오늘날에는 심리학의 고전으로 알려져 있다.

또 60세를 넘은 어느 여름날 산책 중에 곤충을 잡는 식충 식물을 관찰한 적이 있다. 이를 계기로 15년 동안 연구한 결과를 『식충 식물』에 정리했다.

가까이에 있는 인간과 자연이 가장 좋은 환경이며 호기심과 관찰력만 있으면 배울 것은 얼마든지 많다. 그런 환경이야말로 인간의 머리와 마음과 생활을 풍요롭게 하는 보물 창고이다.

한편 다윈은 관심있는 것을 천천히 오랜 시간에 걸쳐 자유롭게 연구한 행복한 학자였다. 그렇다고 그가 대학이나 연구소에 소속된 것은 아니었다. 아버지로부터 충분한 재산을 상속받은 덕택에 돈을 벌기 위해 일할 필요가 없었으므로 연구에 매진할 수 있었다.

다윈은 런던 외곽의 약 2만 평의 넓은 대지 위 저택에서 살았다. 비둘기가 품종마다 어떤 차이가 있는지 연구하고 싶을 때는 구할 수 있는 모든 품종의 비둘기를 사들여 사육했다. 개인의 경제력으로 이 정도의 연구비를 충당하는 일은 매우 보기 드물다. 어떤 요구든지 들어주는 부모가 있었으며 하고 싶은 일만 하면서 살았다고 해도 과언이 아니다. 다윈은 총명하고 상냥한 부인도 있었으며, 많은 자녀들(전부 열 명이었으나 세 명을 잃었다)에 둘러싸여 행복한 가정을 꾸리기도 했다.

그는 말년에 자서전을 쓰면서 스스로 그동안의 근면함에 놀랐다. 그리고 자신의 장점은 어떤 문제라도 오랫동안 생각할 수 있는 끈기와 사실을 관찰하고 수집하는 근면성, 발명의 재능과 상식이 알맞게 균형을 이룬 점이라고 했다. 물론 이것들은 어른이 되고 나서 생긴 것이다. 그러나 그가 일생 동안 한 연구는 어린 시절 누구나 한 번쯤 품었음직한 의문에서 출발한 것들이었다. 풍뎅이를 보고 품은 의문과 놀라움은 어렸을 때나 어른이 되어서나 변함이 없었다. 그런 의미에서 그는 조숙한 아이였다.

  다윈은 늘 자신을 관찰하며 다양한 자기 분석을 자서전에 기록했다. 그리고 다윈은 '나는 과학자들 중에서도 뛰어난 사람이 되고 싶은 야심이 있었다'고 고백했다. 야심 역시 공부에 빠져들게 하는 원동력이 될 수 있다. 아무리 어린아이라도 야심은 있는 법이다.

참고 문헌

다윈 『비글호 항해기』, 이와나미 문고.
해로우 편 『다윈 자서전』, 치쿠마서방.
도 비어 『다윈의 생애』, 동경 도서.
굴버 『다윈의 인간론』, 고단샤.

수상이 된 낙제생 처칠

공부는 왜 하는가?

인간은 선천적으로 호기심이 왕성한 동물이다. 개나 고양이도 그런 동물이며 그들은 집 안 구석구석을 탐험하고 마루에 나뒹구는 휴지 조각만 있어도 잘 논다. 또 인간의 사소한 행동에도 관심을 보인다. 하지만 어린아이만큼은 못하다. 개나 고양이는 어느 정도까지 성장하면 인간이 아무리 궁리를 해서 관심을 끌려고 해도 태연하게 인간을 무시한다.

호기심은 눈으로 사물을 보거나 손으로 만지는 것부터 시작하는데 생각하는 능력까지 더하면 비약적으로 확대된다. 아이를 길러본 경험에 의하면 아이들의 호기심이 갑자기 증가하는 시기는 문장 형태로 말하기 시작하면서부터이다. 사람에 따라 다소 차이는 있지만 대개 2, 3세 무렵일 것이다. 그 무렵 나는 아이로부터 매일같이 질문 공세를 당했고 성실히 대답하기 위해 머리를 쥐어짜야만 했다.

예를 들면 '비는 왜 내려요?' 라는 질문에 아이가 알고 있는 어휘의 범위 안에서 설명하는 것은 어렵다. 사실 비가 왜 내리는지도 모르지만 말이다. 그래서 이렇게 대답한다.

"그건 말이야. 하늘의 구름이 무거워져서 아래로 떨어지는 거야."

아이는 내 대답을 이해한 듯 그 이후로는 이 질문을 하지 않았다. 이런 식으로 아이들은 커서 초등학교에 들어갈 무렵이 되면 다음과 같은 질문을 한다.

"왜 공부를 해야만 해요?"

어떻게 대답해야 할지 부모에게도 선생님에게도 곤란한 질문이다. 아직 어리다고는 해도 나름대로 아이들은 사물과 자신의 인생을 진지하게 생각한다. 영문도 모른 채 명령을 따르게 하는 습관만큼은 길러주고 싶지 않기 때문에 아이의 질문에 제대로 대답하리라 마음먹지만 좀처럼 그럴싸한 대답이 떠오르지 않는다.

'초등학교에 들어가면 누구나 공부를 하는 거란다' 라는 말로는 대답이 안 된다. 어른이 돼서 일을 하려면 학교 공부가 필요하다고 설명하면 이번에는 어른이나 사회가 어떤 것인지 잘 모를 것이다. 그런 이유로 반나절이나 교실에 갇혀서 지내는 것은 아이들에게 고문에 가깝다. 그것은 예측 불가능한 미래를 위해 현재를 희생하는 것처럼 허무한 일이다.

마찬가지로 무의미한 인생을 보내지 않는 것이 중요하다는 생각으로 이렇게 대답했다.

"꽃 이름 하나만 외워도 인생은 풍요로워진단다. 지금부터 네가 살아가는 데 가장 즐거운 일 중 하나는 무언가를 배우는 것이고, 그 즐거움을 알기 위해서는 학교에서 공부하는 것이 가장 좋은 방법이란다."

대학생인 아들이 지금은 배우는 즐거움에 많이 눈을 뜬 것 같아서 가르친 보람이 있다고 스스로 뿌듯해하고 있다. 반복해서 말하지만 배우는 즐거움을 터득하는 것과 인간의 행복은 매우 밀접하다. 그 즐거움을 언제 깨닫느냐가 중요하다. 그리고 아이를 기르는 부모와 학생을 가르치는 교사에게 가장 큰 난관은 언제, 어떤 방법으로 배우는 즐거움을 아이들에게 느끼게 해줄 것인가이다. 한 번 그 즐거움을 체험한 사람은 저절로 선천적인 호기심에 이끌려 공부하게 된다.

라틴어에 좌절하다

사람마다 배우는 즐거움을 발견하는 시기는 다르다. 영국 수상으로 노벨 문학상을 받은 윈스턴 처칠(Winston Leonard Spencer Churchill : 1874~1965)은 꽤 늦된 편이었다. 본인 말에 의하면 만 22세에 처음으로 배움에 대한 욕심이 생겼다고 한다. 그러니까 학창 시절에는 배우는 즐거움을 거의 몰랐다는 말이다.

많은 사람들은 처칠이 낙제생이었다는 사실을 알고 있다. 그리고 대부분 낙제생이 한 나라의 수상이 되고 노벨상을 받는 것을 보면 학교 성적 따위는 믿을 것이 못 된다고 생각한다.

분명히 학교 성적은 긴 인생 가운데 하나의 평가에 지나지 않으며 그것만으로 인생의 행로가 결정되지는 않는다. 낙제생이 어떻게 수상이 될 수 있었을지 한 번 생각해 보자. 영원히 낙제생인 채로 있었다면 과연 수상이 될 수 있었을까?

영국 수상이 되기 위해서는 그에 어울리는 지식과 견문이 필요하다. 학창 시절 낙제생이던 처칠은 어느 날 갑자기 의욕에 불타 그런 자질을 쌓기 위해 노력했다. 선천적으로 뛰어난 재능이 있는 사람이 천재라면 그는 결코 천재가 아니었다. 그에게 천재라는 단어를 사용하는 일은 아무래도 적절치 못하다. 내가 관심 있는 것은 천재보다도 공부 쪽이다. 그리고 내가 그에 관해 알고 싶은 것은 두 가지뿐이다.

그는 어떤 낙제생이었을까? 그리고 그는 어떤 방법으로 배우는 즐거움에 눈을 떴으며 어떤 공부를 했을까?

처칠은 자서전에 괴로웠던 학창 시절을 기록했는데 성적은 언제나 꼴찌 혹은 그 근처였으며 부모와 선생님 모두 자신을 포기했다고 한다.

19세기 말 처칠이 학교에서 공부를 시작했을 무렵에는 라틴어가 필수 과목의 하나였다. 그는 바로 그 라틴어에 발목을 잡혔다. 당시 라틴어는 이미 사어가 된 지 오래였지만 지식인이 되기 위해서는 피할 수 없는 관문이었다. 처칠처럼 영국의 유서 깊은 귀족 자제라면 이 관문을 돌파해서 명문 공립 학교를 나와 옥스퍼드 대학 또는 케임브리지 대학으로 진학하는 것이 정해진 코스였다. 그 첫걸음이 바로 라틴어이며 여기서 좌절하면 정해진 엘리트 코스는 밟을 수 없게 된다.

처칠은 왜 라틴어를 못했을까? 이런 에피소드가 전해진다.

라틴어는 명사와 동사 변화를 암기하기가 쉽지 않다. 나도 대학교 때 잠시 라틴어와 그리스어를 배웠기 때문에 얼마나 귀찮은 일인지 알고 있다. 그런데 이것을 10세도 안 된 아이들에게 가르쳤던 교사는 얼마나 힘들었을지 상상이 간다.

라틴어 명사에는 주격, 호격, 대격, 소격, 여격, 종격의 여섯 개의 격이 있으며 각각의 격에 따라 어미가 변한다. 어린 처칠이 라틴어에 흥미를 잃은 것은 선생님이 테이블이라는 명사 변화를 질문했을 때의 일이다. 호격이란 사물을 부를 때 사용하는데 그는 도대체 왜 '테이블아'라고 불러야 하는지 이해할 수 없었다.

'왜 테이블아라고 해야 합니까?' 라고 처칠이 묻자 선생님이 답했다.

" '테이블아' 라는 것은 테이블에게 말을 걸 때 사용하는 거란다."

그래도 처칠은 이해할 수 없었고 선생님은 다시 한 번 설명했다.

"테이블에게 말을 걸 때 사용한단다."

이 말을 듣자마자 처칠은 무심코 한마디 내뱉었다.

"그런 멍청한 짓을!"

그도 그런 것이 보통 사람은 테이블에 말을 거는 일은 하지 않기 때문이다. 소년 처칠의 반응은 당연했다. 그러나 선생님은 그런 건방진 말을 하다니 혼이 나야겠다며 꾸짖기만 했다. 무슨 일이든 모든 것을 상대가 이해할 수 있게 완벽히 설명하는 일은 어렵다. 그러나 본인이 잘 이해하지 못한 일은 아무리 강요해도 하지 않는 사람이 있다. 처칠은 그런 부류의 소년이었다. 물론 대부분 학생들은 영문도 모른 채 계속 라틴어를 공부했을 것이다. 그러나 처칠은 그렇게 대충 넘어가는 것이 성격에 맞지 않았던 모양이다. 그는 오히려 적극적으로 라틴어 따위는 배우지 않겠다고 결심했다.

처칠은 자서전에 이렇게 썼다.

선생들은 모든 강제 수단을 행사했지만 나는 강경하게 맞섰다. 내 상상력과 관심을 끌지 못하는 것은 절대로 외우지 않았고 외울 수도 없었다. 12년의 학교 생활 동안 나는 라틴어 시구 하나 쓴 적이 없으며, 그리스어 역시 글자 이외에는 나를 가르치려고 하는 선생님이 한 명도 없었다.

그는 자기의 신념에 충실하려고 했으며 학교 안에서는 관심가는 것을 좀처럼 찾을 수 없었다.

의지가 장점이다

사진 속 처칠의 얼굴은 강하고 고집이 세 보인다. 그는 아무리 성적이 나빠도 조금도 좌절하지 않았다. 초등학교 때 성적은 언제나 반에서 꼴찌였지만 장래 희망은 육군 원사나 수상이 되는 것이었다.

아이들에게는 좋은 성적보다 의지가 중요하다. 의지는 자신의 생각을 관철하는 마음이며 부모나 교사의 강요로 공부하는 순종보다 상위 개념이다. 그리고 그런 사람들은 결국 잠재된

대망을 실현한다.

처칠은 1940년 제2차 세계 대전이 시작된 다음 해 영국 수상이 되었으며 나치 독일의 격렬한 공습에도 학생들 앞에서 '포기하지 마라, 절대로 포기하지 마라'고 연설했다. 이것도 그의 의지에서 나온 말이다.

고집이 세고 도전적이며 반항적이던 소년 시절에 관한 에피소드도 있다.

어린 시절, 초등학교 교장은 별일 아닌 일로 학생들의 바지를 벗겨 엉덩이에서 피가 나도록 회초리로 때리는 체벌을 가했다. 영국 소설에 자주 등장하는 가학적인 인물이었다. 엄격한 체벌을 받은 처칠은 벽에 걸린 교장의 밀짚모자를 바닥에 내동댕이쳐서 가루가 되도록 밟은 일도 있었다. 또 어느 날은 친구가 괴롭히자 언제까지나 도망다닐 수만은 없다고 생각하며 정정당당히 상대와 맞설 결심을 한 적도 있다. 또 그는 친구들에게 뭇매를 맞고 '언젠가 나는 위인이 되고 너희들은 모두 보잘것없는 인간이 될 거야'라고 말하기도 했다.

그러나 학교에서는 의지보다 성적으로 아이를 평가한다. 그는 영어 외에는 무엇 하나 잘하는 것 없는 열등생이었다. 선생님도 그를 포기했으며 명문 공립 학교 입학 시험에서도 라틴어는 한 문제도 풀지 못했다. 그럼에도 입학을 할 수 있었던 것은 명문 공립 학교 교장 선생님 덕분이었다. 그러나 이 학교에서도 성적은 언제나 꼴찌였고 4년 동안이나 진급하지 못해 1학년에 머물렀다.

처칠은 초등학교에서 고등학교를 졸업할 때까지 12년을 돌이켜 보며 학교 생활 때문에 용기를 많이 잃었다고 했다. 이것은 요즘 청소년들에게도 해당되는 말이 아닐까? 처칠은 배우는 즐거움을 알기 전엔 아무것도 배우지 않겠다고 스스로 다짐했다. 그리고 열등생이라는 굴욕을 오로지 타고난 강인한 의지로 극복하려고 애쓰면서 학창 시절을 보냈다. 훗날 그의 활약을 보면 그는 열등생이라기보다 단지 공부할 마음이 생기지 않았을 뿐이라는 것을 알 수 있다.

그러나 주위 사람들에게는 공부할 마음이 생기면 좋은 성적을 얻을 수 있다는 이야기가 낙제생의 변명으로밖에 들리지 않았을 것이다. 처칠은 강인한 의지가 있었기에 결코 좌절하지 않았다.

소원한 부자 관계

처칠은 이런 우여곡절 끝에 명문 공립 학교를 졸업했다.

그러나 그에게는 옥스퍼드나 케임브리지 대학에 입학하는 명사(名士) 자녀들의 정해진 엘리트 코스는 불가능했다. 남은 것은 육군사관학교에 들어가 군인이 되는 길뿐이었는데 처칠로서는 오히려 반가운 선택이었다. 그도 그럴 것이 처칠은 어렸을 때부터 장난감 병정을 갖고 놀기를 좋아했다. 그는 무려 1,500개에 육박하는 장난감 병정을 갖고 있었으며 여섯 살 아래 남동생과 함께 전쟁 놀이를 하는 것이 그에게는 무엇보다 큰 즐거움이었다.

한편 처칠의 아버지는 아들이 군인의 길을 선택한 것이 그다지 기쁘지 않았다. 그는 재무 장관을 지낸 정치가로 아들이 영국을 지배하는 정치가가 되기를 바랐기 때문이다. 그러나 이 꿈은 성적이 언제나 꼴찌인 것을 보고 일찌감치 깨졌고, 그 머리로는 정치가가 되기 위해 필요한 법률 공부도 불가능하리라고 판단했다. 그래서 어렸을 때부터 장난감 병정 놀이에 열광하고 있는 아들에게 '군인이 되고 싶으냐?'고 물었다. 물론 아들은 '예, 군인이 되고 싶습니다'라고 대답했다. 처칠은 그의 자서전에 장난감 병정 놀이가 자신의 장래를 결정했다고 썼다.

한편 군인이 되는 것 역시 간단한 일은 아니었다. 지망하는 육군사관학교 입학 시험도 두 번이나 떨어졌다. 과연 처칠은 단지 공부를 안 한 것인지 아니면 못한 것인지 의문이 생긴다. 아마 자신도 이해할 수 없었을 것이다.

드디어 그는 결전의 각오로 대입 예비 학교에 들어갔다. 여기서 그는 적중률이 높은 예상 문제를 신중히 머리 속에 집어 넣고 세 번 만에 겨우 합격했는데 성적이 나빠서 지망했던 보병과가 아닌 기병과에 입학했다.

그러나 그는 어쨌든 육군사관학교에 입학한 사실에 의기양양해서 아버지께 편지로 그 소식을 전했다. 보통 다른 아버지들이라면 낙제생이던 아들이 합격한 것만으로도 기뻐했겠지만 처칠의 아버지는 달랐다. 자신의 아들이 보병과에 못 들어간 것에 화가 나서 아들을 위로해 주기는커녕 엄하게 꾸짖었다.

여기서 흥미로운 사실은 처칠가(家)의 소원한 부자 관계다. 어머니는 언제나 몸에 꽉 끼는 승마복을 입고 말을 타거나 사교계를 주름잡았을 뿐 아이들과 지낼 기회는 거의 없었고 아이들은 유모가 돌봤다. 또 처칠이 21세에 아버지가 사망하기 전까지 부자가 대화를 나눈 것은 두세 번 정도밖에 없었다고 한다. 그리고 아버지는 처칠을 가족의 불명예로 생각했으며 제대로 된 인간이 못될 것이라고 판단했다. 모자라는 아들에게 격려의 말을 하는 자상한 면모는 전혀 없었다고 한다.

천 재 의 공 부 법

고립무원의 처지가 된 처칠은 배우는 즐거움을 깨달을 기회조차 얻지 못하고 낙제생이라는 각인이 찍힌 채 사회에 내던져졌다.

잘하는 과목도 있었다

처칠은 낙제생이었지만 완전히 의욕이 없는 학생은 아니었다. 그도 좋아하는 과목과 잘하는 분야는 있었다.
그는 고등학교 입학 시험을 회상하면서 이렇게 말했다.

나는 역사, 문학, 작문 시험만 쳤으면 했다. 그러나 시험관은 내게 라틴어와 수학만 물었고, 그들이 물어보는 것들은 여지없이 내가 모르는 것들뿐이었다. 나는 내가 아는 것만 물어주기를 원했다. 내가 아는 것을 과시하려고 하면 그들은 나의 무지를 폭로하려고 했다.

잘하는 과목이 있으면 못하는 과목도 있기 마련이고 시험이란 원래 아는 것만 출제될 까닭이 없지만 그는 수비할 수 있는 범위가 너무나도 협소했다. 고등학교 시절 그가 좋은 성적을 거둔 것은 작문과 암송 능력뿐이었다.

그는 학창 시절 영어에 가장 흥미를 느꼈다. 영어 공부라는 것은 말하자면 영어로 훌륭한 문장을 쓰는 것으로 이 점에서는 상급생이 대필을 부탁할 정도로 자신있어 과장해서 이야기하는 것을 좋아한 덕분에 대필이 폭로될 뻔한 적이 있어 그 이후로는 일부러 평범한 문체를 사용했다.

훗날 그는 종군 기자로서 활약했고 소설과 종군기, 여행기 등을 썼으며 모두 베스트셀러가 되었다. 그리고 『2차 대전 회고록』으로 노벨상을 수상했는데 이 모든 것들은 학창 시절 연마한 작문 실력 덕분이었을 것이다. 학창 시절에는 그다지 인정받지 못했던 실력이 사회에 나와서야 빛을 발한 것이다. 낙제생이라도 의미없이 시간을 낭비하고만 있지는 않았다.

암송 실력 또한 나중에 정치가가 되어 웅변술을 익히는 데 큰 도움이 되었다. 공립 학교 시절 영국인 역사가 매컬리의 『고대 로마의 노래』라는 1,200행에 달하는 시를 암송해서 전교 1등 성적으로 표창장을 받은 일이 있었다. 자신의 능력을 과시할 유일한 기회였지만 소원한 부자 관계를 반영이라도 하듯 '스피치 데이'에 아버지는 모습을 보이지 않았고 처칠은 무척이나 실망했다.

1,200행이나 되는 시를 암송하는 일은 라틴어 명사와 동사

변화를 암기하는 것에 뒤지지 않을 만큼 어려운 일이었다. 무엇보다 그로서는 이 일에 정성을 다해 몰두했다는 사실이 중요했다. 공부를 잘하느냐 못하느냐의 문제는 간단히 말하면 바로 그런 마음에 달려 있다. 호기심과 관심이 집중력을 낳고 배우는 즐거움으로 인도한다. 이것은 막 학교에 입학한 초등학생도, 나이가 들어 배움에 몰두하는 노인들도 마찬가지다.

한편 처칠은 공립 학교 시절, 학교에서 주최한 명사들의 강연회에도 열심히 참석했다. 강연회에서는 주로 역사와 과학 분야의 권위자가 영사기를 이용해 재미있는 이야기를 해주었다. 그는 강연을 열심히 들은 후에 남에게 이야기하는 것이 특기였다. 그때 들은 연설 가운데는 30년 이상 기억하는 것도 있었다. 나 역시도 초등학교나 중학교 때 선생님이 하신 말씀 가운데 몇 개는 40년이 지난 지금도 기억하고 있는데 그런 것을 보면 사람마다 비슷한 경험이 있는 것 같다. 공부는 훗날까지 기억에 남을 것을 습득하는 일이기도 하다. 선생님의 질문에 용기있게 대답하고 싶은 것도 그런 이유에서다. 이 점을 다음과 같이 말하는 처칠의 기분도 잘 알 것 같다.

나는 학교에서 이런 강연을 왜 좀 더 안 하는지 궁금했다. 2주일에 한 번 정도 해서 강연 후 전교생에게 자신이 들은 내용을 쓰고, 감상을 기록하게 하면 어떨까? 그렇게 하면 선생님은 누가 가장 잘 기억하고 소화해서 표현할 수 있는지, 누가 잘 못 알아들었는지 쉽게 알 수 있을 텐데 말이다. 또 학급 편성도 이것을 기준으로 하면 좋을 텐데.

그렇게 했다면 언제나 꼴찌에 머물렀던 낙제생도 명예 회복을 하는 기회가 되었을지도 모른다. 누구나 자기가 제일 잘하는 부분만 봐주기를 기대하는 법이다.

처음으로 생겨난 공부에 대한 열정

처칠은 육군사관학교에 입학하고 나서 처음으로 공부가 재미있다고 느꼈다. 특히 전술과 축성술에 관심이 많았는데 이는 어렸을 때부터 장난감 병정을 갖고 전쟁 놀이를 즐긴 덕분이었다. 드디어 자신이 잘하는 분야에서 능력을 발휘할 기회를 만난 것이다. 졸업 시험도 150명 가운데 18번째로, 지금까지 받아본 일 없는 상위 성적을 받고 오랜 세월 그를 따라다닌 낙제생이라는 오명을 씻었다.

이렇게 처칠은 한 사람의 군인이 되었다. 그러나 영국 수상이 되기 위해서는 아직도 공부해야 할 것이 많았다. 이때 기병 제4연대 일원으로 인도에 체재 중인 처칠에게 좋은 기회가 찾아온다. 자서전에는 이렇게 전한다.

1896년 겨울, 만 22세가 된 나는 처음으로 향학열이라는 것을 느꼈다. 다방면에 걸친 사고의 세계에 어렴풋한 지식조차 없다는 사실에 눈을 떴다.

이렇게 된 데는 두 가지 요인을 생각해 볼 수 있다. 하나는 마음속에 용솟음치는 호기심이고, 또 다른 하나는 스스로 무지를 자각한 것이다. 처칠은 후자일 것이다. 그는 친구가 '윤리학'이라고 말한 것을 듣고 순간 생각한다.

'도대체 윤리학이 뭐지?'

그는 공립 학교에서도 육군사관학교에서도 이런 말을 들은 적이 없었다. 대학에서는 일반 교양으로 윤리학이 어떤 학문인가 하는 정도는 배우지만 대학 교육을 받아본 일이 없는 처칠로서는 그런 영역에 대한 지식이 전혀 없었다. 칸트나 쇼펜하우어에 대해 이야기를 나눌 때 이름조차 생소하다면 엘리트

수상이 된 낙제생 처칠

의식으로 뭉친 옥스퍼드나 케임브리지 출신들이 상대도 안 해 줄 것이 분명하다. 처칠은 그런 굴욕적인 체험을 많이 했다. 이렇게 그는 대학을 졸업한 사람들과 교제하는 동안 점차 자신의 무지를 깨달았다. 그리고 그들의 지식을 부러워하며 자신도 그렇게 되길 원했다.

그래서 그는 소위 지식인이라고 불리는 사람들이 읽을 법한 책을 보내달라고 어머니에게 부탁했다. 영국에서 인도까지 미래의 영국 수상이 될 두뇌를 살찌우기 위한 책들이 바다를 건넜다. 미래의 수상은 제일 좋아하는 폴로 경기 연습을 위한 시간과 함께 매일 4, 5시간의 독서 시간을 확보했다. 우선 아버지가 거의 외우다시피 했던 기번의 『로마제국 쇠망사』를 시작으로 플라톤, 아리스토텔레스, 마르세스, 쇼펜하우어, 다윈 등 유명한 지식인이라면 누구나 알 만한 책들을 읽어나갔다. 이렇게 해서 엘리트에 어울리는 지적 기초 체력을 쌓아갔다.

세계의 이름난 저서들을 독파하면서 점점 더 자신의 지식과 교양의 부족함을 절감한 처칠은 자기와 같은 경우를 미연에 방지하기 위해 다음과 같은 교육 개혁을 제안했다.

16, 7세가 되면 청소년들에게 수공예 등 다양한 기술을 습득하게 하고, 여가 시간에는 시를 읽고 춤을 추고 스포츠를 하

게 한다. 그리고 진심으로 알고자 하는 욕구가 생겼을 때 대학에 진학하는 것이다. 공장이든 농장이든 뛰어난 성적을 올린 사람과 배우고자 하는 열의가 있는 사람만 대학에 갈 수 있게 한다.

그러면서 이것이 실현되면 세상은 뒤집어지고 대혼란이 일어날 것이라고 덧붙였다. 훗날 수상이 되어서 이런 대담한 교육 개혁을 발표한 적은 없지만 결코 말이 안 되는 제안은 아니다. 지식에 대한 욕구로 대학에 진학하는 사람이 얼마나 될까? 처칠처럼 뒤늦게나마 진심으로 공부를 하고 싶어하는 사람만 대학에 가게 하면 쓸데없는 수험 전쟁 따위도 없어질 것이다.

그건 그렇다 치고 22세에 처음으로 공부에 눈을 뜬 처칠은 그로부터 2, 3년 후 정계에 입문할 결의를 한다. 정치가들과 어울리며 자신의 능력 부족을 통감하기도 했다. 그는 옥스퍼드나 케임브리지에서 수재로 통하는 사람들을 대하면서 자신이 동(銅)으로 만든 그릇 속에 섞인 사기 그릇 같다고 느꼈다. 동(銅)에 부딪히면 사기 그릇은 깨지기 마련이다. 그들은 우선 토론 방법이 한 수 위여서 처칠은 자신의 주장이 옳다는 것을 알면서도 잘 설명하지 못하는 안타까움을 느꼈다.

그래서 그는 옥스퍼드 대학에서 기초부터 본격적으로 다시 배울 것을 결심했다. 20대 중반에게도 대학의 문은 열려 있었지만 라틴어나 그리스어를 포함한 입학 시험에 합격해야 한다는 사실을 알고 단념할 수밖에 없었다. 라틴어와 그리스어를 제대로 공부하지 않은 것을 후회해도 소용없었다.

웅변술을 익히다

처칠 시대 정치가에게 웅변술은 필수 능력이었다. 그에 의하면 '요즘(20세기 초)은 천사의 무리인 정치가들에 의한 진정한 정치적 민주주의 시대'라며 웅변술은 '천사' 정치가를 더 높이 날게 하는 날개라고 했다.

처칠이 학창 시절부터 작문 능력이 뛰어났음은 앞에서 언급한 바 있다. 이에 웅변 재주까지 더해짐으로써 뛰어난 정치가가 될 조건을 갖추었다. 그에게 작문과 웅변의 재능이 얼마나 귀중한 것이었는지는 국회의원이기도 했던 그의 주치의가 증언한다.

언어에 대한 예리한 감각이 없었다면 처칠의 인생은 대단한 것이 아니었을지도 모른다. 판단력이나 정치가로서의 수완, 사람을 보는 눈도 특별히 뛰어나지는 않았다.

처칠이 한 유명한 말 중에 '철의 장막'이 있다. 이것은 1946년 제2차 세계 대전 후 구소련과 서방 각 나라 사이에 있는 두터운 벽을 가리키는 것으로, 그 이후 오랫동안 계속된 동서 냉전 체제를 표현하는 말로 전 세계에서 사용되었다. 또 1940년 수상이 된 직후에 하원에서 한 연설도 역사에 남을 명(名) 연설로 유명하다.

나는 피와 수고와 눈물과 땀 외에 내놓을 것이 아무것도 없다. 우리의 목적이 무엇이냐고 묻는다면 한마디로 승리라고 대답하겠다. 온갖 희생을 치르고, 온갖 고난을 감수하며 아무리 긴 고통의 길을 걸을지라도 싸워 이기는 것 바로 그것이다.

사람의 마음을 움직이는 연설로 국민을 사로잡기 위해서는 많은 공부를 해야 한다. 처칠은 26세에 처음으로 하원 의원에 당선되었는데 그 무렵에는 연설만 잘하면 형세가 역전되는 일도 간혹 있었다고 한다. 그만큼 정치가의 말을 잘 들어주고 믿었던 시대였다. 당시 영국에서는 전국이 일제히 투표를 하는 것이 아니라 약 6주에 걸쳐 각 지역에서 투표를 했다. 따라서 당선이 결정된 처칠은 아직 투표를 하지 않은 선거구에서 응원 연설을 부탁받고 첫 연설로 일약 스타가 되었다. 당 간부들은 조금이라도 불안한 선거구가 있으면 그를 파견했다고 한다.

무엇이든 노력하지 않으면 자신의 것으로 만들 수 없다. 모든 능력은 공부의 결과이다. 처칠도 웅변의 재능을 익히기 위해 남모르는 노력을 했다. 그는 인간에게 주어진 재능 가운데 가장 귀중한 것은 웅변의 재능이며 이를 가진 자는 세계를 지배할 수 있다고 생각할 만큼 웅변술을 중요시했다.

그런데 그는 어떻게 웅변술을 공부하게 된 것일까?

먼저 어떤 테마에도 대응할 수 있는 폭넓은 지식을 갖추기 위해 많은 책을 읽었다. 웅변에서 가장 중요한 것은 연설 내용을 완전히 머리 속에 집어넣고 명료하게 이야기할 수 있느냐는 문제다. 그는 영국뿐만 아니라 많은 구미의 대학에서처럼 어떤 테마로도 자유자재로 토론할 수 있는 훈련을 받지 않았기 때문에 문장을 써서 암기하지 않으면 아무 이야기도 할 수 없었다. 연설 내용을 완전히 암기하는 것이 바로 그 비결이었다.

첫 번째 당선 후, 그가 하원에서 한 첫 연설은 좋은 평가를 받았다. 그는 몇 번씩 문장을 다듬고 암기했다는 느낌을 주지 않으려고 남다른 노력을 했다. 하원에서 한 세 번째 연설은 6주에 걸쳐 문장을 다듬고 암기했는데 이런 연설 준비가 그에게는 큰 공부가 된 셈이었다.

비서의 말을 빌리자면 처칠은 종종 명언이나 유명한 문구를 입으로 읊었으며 연설에 그대로 인용했다고 한다. 영국에는 『버틀렛 인용구 사전』이라는 유명한 사전이 있는데 이 책은 처칠의 애독서 가운데 하나였다. 머리 속에 확실히 새겨놓은 인용구는 좋은 생각을 하는 데 도움이 된다. 또 그 원서를 읽고 싶게 한다든가 다양한 의욕을 불러일으킨다는 처칠의 말은 인용구 사전 애독자인 나 역시 동감한다.

'공부'로 여생을 보내다

현실 세계를 널리 안다는 의미의 공부라는 점에서 영국의 정치가 가운데 처칠만큼 향학열에 불탄 사람은 없을 것이다. 군인을 지망한 처칠이 육군사관학교를 졸업하자마자 찾은 것은 자신의 명성을 드높일 전쟁터였다. 19세기 후반은 그의 말에 의하면 구석구석 진절머리날 만큼 태평한 세상이었는데 딱

한 군데 그렇지 않은 곳이 있었다. 스페인 군이 반란군 때문에 고전했던 쿠바였다. 그는 곧 쿠바로 향했고 난생처음 실전에 투입되었다가 전쟁의 포탄을 뚫고 살아남았다.

그 후 종군 기자로 인도 오지에서 육박전을 체험했다. 또 보아 전쟁에서는 포로 수용소에서 탈출하여 생환해 전 세계에 그의 이름을 알리게 되었다. 그는 모험을 위한 모험을 했을 뿐이라고 했지만 나이가 들어서도 어릴 때의 군대 놀이 즐거움을 잊지 못하고 제2차 대전 말기 연합군의 노르망디 상륙 작전에 참가한다고 했을 정도이다. 다행히 영국 국왕이 이를 말렸다. 한 나라의 수상이 위험한 군사 작전에 참가하는 일은 보통의 상식으로는 있을 수 없는 일이기 때문이다.

그는 하고 싶은 대로 하게 했다가는 무슨 일을 할지 모르는 사람이었다. 학창 시절 라틴어 공부를 거부한 것도 그런 식의 표현이었다. 그의 제멋대로에 완고해 보이는 얼굴을 보면 그를 가르친 선생들도 힘들었으리라 생각된다.

마지막으로 처칠의 '공부' 가운데 취미로 시작한 '일요 화가의 즐거움'도 있다. 40세 무렵 해군 장관이라는 주요 요직에서 내각 개조로 한직에 좌천된 적이 있었다. 이때 우연히 어린아이의 그림 도구 상자를 본 것이 계기가 되어 그림을 그리게 되었다. 그 이후 그의 정치 생활은 몇 번의 우여곡절을 겪었고 그럴 때마다 위로가 된 것이 '일요 화가의 즐거움'이었다. 제2차 세계 대전 직후 선거에서 패배하고 수상 자리에서 물러났을 때는 그림을 그리며 여생을 보낼 각오를 하기도 했다. 인생의 마지막 시간을 보낼 대상이 있다는 것은 매우 든든한 일이다. 그 때문에 공부는 가능한 빨리 해두라는 것일지도 모른다.

참고 문헌

처칠 『나의 반생』, 카도가와 문고.

페인 『처칠』, 문화 방송.

블로드 『처칠전』, 칸분사.

모랑 『처칠』, 카와데쇼보.

콜빌 『다우닝가 일기』

변신의 귀재 화가 피카소

　개인의 기호와는 별도로 20세기 가장 유명한 화가로 파블로 피카소(Pablo Ruiz y Picasso : 1881~1973)를 꼽을 수 있다. 종종 천재 피카소로 불리며 미술사의 새로운 세계를 개척한 인물로 손꼽힌다. 사람들에게 사물을 보는 새로운 방법을 소개한 인물을 천재라고 한다면 피카소야말로 바로 그런 인물이다.
　그는 20세기 초반 큐비즘이라는 획기적인 방법으로 그림을 그렸는데 이를 서양 미술사에서 르네상스 다음의 대혁명이라고 하는 미술사가도 있다. 얼굴의 옆면과 정면을 동시에 그리거나 눈과 코와 입을 익살스럽게 배치한 초상화를 그린 화가는 피카소밖에 없었다. 또 인체를 모두 분해해 그리는 방법도 피카소만의 독창적인 것이었다.

나는 피카소의 큐비즘 이후 그림은 별로 좋아하지 않지만 그런 그림을 그릴 수 있는 피카소의 대담함과 재능, 용기에는 감탄해 마지않는다. 아마 독특한 발상과 대담한 기법 면에서 피카소에 필적할 만한 화가는 없을 것이다.

그리고 회화 세계에서 전대미문의 업적을 이룬 것을 보면 그는 천재임이 확실하다. 보통 사람은 제약과 구속을 민감하게 받아들여 뒤로 물러나지만 천재는 태연하게 경계선을 뛰어넘어 전진한다.

또 그는 80년에 육박하는 화가로서의 생애 동안 결코 완성된 스타일에 안주하지 않고 끊임없이 변신하는 모습을 보여주었는데 이는 과연 천재답다 할 수 있다.

초기 '청색 시대'에서 시작해 '장밋빛 시대', '큐비즘 시대', 그리고 '꼴라주 시대'까지 그림 스타일은 계속 변화하여 피카소는 '변모의 화가'라고 불렸다. 완성된 스타일로 계속 그리는 화가는 적지 않지만 피카소는 반복되는 스타일을 매우 싫어했다. 그는 왜 그렇게 자주 변신했을까?

'천재의 공부법'이라는 시각에서 피카소에게 관심이 가는 것은 이런 스타일의 변화가 분명 어떤 공부와 함께하지 않았을까 하는 추측 때문이었다. 그리고 천재로 불리는 사람들도 공부를 하기는 할까? 만약 공부를 한다면 무슨 공부를 할까? 하는 것이 궁금했다. 물론 화가가 되는 방법 따위는 궁금하지 않다. 공부보다 재능이 중요한 것처럼 보이는 화가도 실제로는 나름대로 공부를 하기 때문이다. 나는 그 한 예로 피카소를 들고 싶다.

겨우 14세에 생애 걸작을

피카소의 초기 작품을 보면 그가 얼마나 변신에 관심이 많았는지 알 수 있다. 그의 그림은 처음부터 완성품에 가까우며 미숙함이란 찾아볼 수 없다. 처음부터 스타일이 확립되어 있었던 것이다.

그는 어렸을 때부터 아이다운 그림은 한 번도 그린 적이 없었다. 그런 조기 완성형 화가에게 남겨진 길은 두 가지뿐이다. 같은 스타일로 그릴 것인가, 아니면 차례차례 새로운 스타일을 만들어 갈 것인가. 이런 양자택일은 화가의 개성이 크게 작용하는데 피카소는 새로운 일을 벌이는 것을 대단히 좋아했다. 그는 이렇게 이야기한다.

"진심이다. 같은 것만 계속한다고 생각하지 말라. '과거'는 이미 아무런 흥미가 없다. 내 작품을 베낄 거라면 다른 작품을 베끼는 게 낫다. 어쨌든 나는 새로운 것이 좋다."

피카소의 초기 작품을 보면 이미 10대 화가로서 그가 완벽한 기술과 관찰력을 갖추고 있었음을 알 수 있다. 예를 들어 14세에 그린 「맨발의 소녀」라는 작품은 벽 앞에 앉은 소녀가 크고 검은 눈으로 이쪽을 지그시 바라보는데 검은 눈동자는 보는 사람의 시선을 붙잡고 놓아주지 않는다. 또 정확한 터치와 포개놓은 손, 늠름한 다리가 서로 어우러져 인간의 존재감을 잘 느껴지게 한다.

그렇다면 훌륭한 그림이란 도대체 어떤 그림일까? 좀처럼 설명하긴 어렵지만 보는 사람의 뇌리에 깊고 강하게 각인되는 것이 명화의 조건이라면 이 그림이야말로 바로 명화이다.

영국의 미술 평론가로 피카소의 전기를 쓴 로랜드 팬로즈는 14세에 피카소가 그린 어느 미완성 초상화를 많은 화가들이 생애 최대 작품으로 만족해할 만큼 훌륭한 그림이라고 했다. 피카소는 일찍이 14세에 생애 최대 걸작을 완성한 것이다.

천 재 의 공 부 법

말하자면 등산을 이제 막 시작한 등산가가 갑자기 세계 최고봉을 정복하는 것과 같은 일이다. 그런 등산가의 즐거움은 더 높은 산을 정복하는 것이며 가능하다면 자기가 그런 산을 만들어서라도 오르고 싶은 것이다. 미술 세계에서 피카소가 도전한 것 역시 이와 비슷하다.

피카소가 변신에 얼마나 빠져 있었는지 많은 사람들의 기록을 보면 알 수 있다. 대표적으로 그는 반복을 가장 싫어했다.

"모든 일은 절대 반복하지 않는다는 조건으로 해야 한다."

회화에 대한 피카소의 생각은 매우 독특했다.

"존재하지 않는 것, 지금까지 한 번도 안 해본 것을 만들 필요가 있다. 그것이 바로 회화이다."

나는 피카소의 디자인을 가장 좋아한다. 특히 청색 시대부터 장밋빛 시대까지의 초기 작품이 좋다. 피카소의 작품이 파리에서 판매되기 시작한 것도 그 무렵으로 이때부터 화상들이 피카소에게 같은 스타일의 작품을 그려달라고 했다. 그러나 그는 그 기대를 완전히 저버리고 많은 사람들이 이해하지 못하는 큐비즘이라는 전혀 새로운 형식의 그림을 그렸다. 결국 사려고 나서는 사람은 없었다. 그는 말했다.

"화가는 절대로 사람들이 기대하는 것을 그려서는 안 된다. 스타일이란 화가에게 가장 나쁜 적이다."

그는 화가에 만족하지 않고 조각, 도예, 금속 세공에서 무대 장식까지 두루 관심을 보였으며 시와 드라마도 쓸 정도로 다방면에서 활약했다.

한편 그는 일생 동안 자신을 서커스 광대나 목우, 말, 비둘기 등 다양한 모습으로 그렸다. 실제로도 변장을 좋아해서 손님이 오면 빨간 코나 검은 수염을 붙이고 나타나 사람들을 놀라게 하고는 했다.

변신에 푹 빠져서 그것을 작품에 표현한 피카소의 일생은 아이들이 놀이에 싫증을 느껴 차례차례 새로운 놀이를 생각해 내는 모습과 비슷했다. 또 그는 재미있는 놀이보다 계속 노는 것을 더 좋아했고 또 일생 동안 그렇게 즐기며 살기도 했다.

이처럼 피카소가 차례로 새로운 놀이를 생각해 낸 이유는 앞서 말했듯 14세에 일찍이 일생의 역작을 완성했기 때문이다.

피카소는 얼마나 많은 공부를 했기에 불과 14세에 그런 걸작을 그릴 수 있었을까? 그리고 그 후에는 어떻게 공부했을까?

가장 효과적인 학습법

프랑스의 위대한 극작가 몰리에르는 위대한 예술가는 배우지 않아도 모든 것을 알아야 한다고 했다. 그러나 결코 그렇지는 않다. 나는 위대한 예술가를 비롯해서 천재로 알려진 사람들은 모두 공부의 성과라고 생각한다. 배우는 동안 특별히 의식하지 않기 때문에 배우지 않아도 다 안다고 생각하는 것이다. 따라서 가장 효과적인 학습법은 자신이 배우고 있다는 것을 의식하지 않고 지식과 기술을 흡수하는 것이다. 그것이 자연스럽게 실천되는 시기가 바로 세상에 태어난 직후 몇 년 동안인데 피카소가 바로 그런 경우이다.

피카소는 말을 배우기 전에 그림으로 의사를 전달했고 처음으로 한 말이 연필이었다. 연필과 종이를 주면 질리지 않고 몇 시간 동안이나 나선 모양을 그렸다. 물론 이 시기에는 피카소가 아니라 어떤 아이라도 그렇다.

피카소의 아버지는 학교에서 회화를 가르치는 화가였고 집에서는 언제나 그림을 그렸다. 피카소는 철들고 나서부터 아버지의 그림을 흉내 냈다.

아이들이란 원래 자기와 가장 가까운 사람을 흉내 내기 마련이다. 그리고 흉내야말로 배움의 출발점이다. 아이를 보면 부모를 안다는 말도 맞는 말이다. 아이는 부모의 반영이며 아이만큼 순수한 학습자는 없기 때문이다. 피카소의 곁에는 언제나 그림을 그리는 아버지가 있었기에 무심히 그런 아버지를 흉내 냈을 뿐이다. 그것이 그의 첫 공부였고 일생에 걸쳐서 계속할 공부의 발단이 되었다.

피카소처럼 화가 아들이 아니라도 서너 살 무렵 크레용과 연필과 종이를 주면 하루 종일 그림을 그리는 아이들이 있다. 그리고 어른도 깜짝 놀랄 만큼 훌륭한 그림을 그리는 아이도 있을 수 있다.

내 친척 중에 한참 유행한 만화 '철인 28호'의 주인공을 여러 각도에서 자유자재로 그리는 아이가 있었다. 뒤에서 본 모습, 위아래에서 본 모습을 컴퓨터 그래픽으로 찍어낸 것처럼 잘 그리는 것을 보고 친척들이 모두 박수를 친 적이 있다. 그러던 아이가 초등학교에 입학하자마자 그림을 그만두고 좋아하는 그림을 그리던 때의 빛나는 눈동자도 잃었다. 아이의 어머니는 그림 선생 때문이라고 했다. 물론 그것도 하나의 원인이었겠지만 자유롭게 그림을 그릴 시간이 없는 교육 현실이 오히려 장애가 되지 않았나 싶다.

그러나 미래의 피카소가 될 아이들을 위해 의무 교육을 거부할 만큼 용기있는 부모는 없을 것이다. 피카소의 부모처럼 말이다.

피카소의 부모는 의무 교육과는 상관없이 오로지 그림을 그리는 재능 하나만을 길러주었다. 피카소는 학교에 다녔지만 읽기, 쓰기나 계산은 거의 배우지 않았다. 심지어 알파벳 순서조차 외우지 않았다. 그런 것에는 전혀 관심이 없었기 때문이다.

그는 학교에서도 언제나 그림을 그렸고 교과서 여백에도 온통 그림뿐이었다. 보통의 부모라면 학교 공부도 좀 하라고 했겠지만 피카소의 부모는 그런 잔소리를 전혀 하지 않았다. 그랬기에 그는 학교에서 집으로 돌아오면 아무에게도 방해받지 않고 그림을 그릴 수 있었다. 이처럼 소년 시절 피카소는 집이나 학교에서 언제나 그림만 그렸다.

가장 효과적인 공부 방법이 의식하지 않고 하는 것이라 했는데 바로 좋아하는 공부를 할 때가 그렇다. 피카소는 그런 점에서 행운아였다. 이상적인 조건을 갖춘 상태에서 평생 좋아하는 일만 한 사람은 흔치 않다.

하지만 그런 그도 고향인 스페인을 떠나 파리에 머물기 시작한 무렵에는 지독한 가난으로 고통을 받았다. 그러나 그는 자신의 인생에는 그림밖에 없다고 생각했기 때문에 붓만은 놓지 않았다. 그도 그럴 것이 그림 이외에는 아무것도 배우지 않았기 때문이다.

부모의 할 일

부모들은 대부분 아무리 내 자식이 그림에 재능이 있어도 그림만 그리게 할 수는 없다고 생각한다. 그 말에도 일리가 있다. 피카소는 상당히 위험한 선택을 했고 아무에게나 권할 만한 방법은 아니다. 중요한 것은 부모의 마음가짐과 신념, 그리고 용기다. 부모가 자신있게 행동으로 옮기면 아이도 기대 이상의 능력을 발휘한다. 자신은 어떤 신념도 없으면서 아이에게 기대하는 것만큼 어리석은 짓은 없다. 이 점에서 피카소의 부모는 아이를 전폭적으로 신뢰했다. 어머니는 그에게 이렇게 말했다.

"네가 군인이라면 장군이 될 것이고 신부라면 로마 교황도 될 수 있단다."

그리고 아들이 학교에서 아무것도 배우지 않아도 다 알 것으로 믿었다.

갑자기 발명왕 에디슨의 어머니가 떠오른다. 초등학교 교장이 자신의 아들을 바보 취급한 것에 격분해 학교를 그만두게 하고 혼자 힘으로 아들을 발명왕으로 만든 어머니 말이다. 에디슨의 어머니는 주위 시선에 아랑곳하지 않고 아이의 능력을 오히려 과대평가했다. 『어른을 위한 위인전』 에디슨 편에는 부모는 아이의 능력을 얼마든지 과대 평가해도 된다고 쓰여 있다. 그런 팔불출이야말로 아이의 능력을 길러주는 훌륭한 부모라고 한다.

아이들이 어떤 잠재 능력을 갖고 있는지는 아무도 모른다. 아이에게 뛰어난 능력이 있다고 다소 과장해서 생각해도 될 일을 억지로 한계를 만들어 그 안에서만 아이를 평가하는 사람이 오히려 바보 같은 부모이다. 그런 의미에서 피카소의 어머니는 이상적인 팔불출이었다.

한편 피카소의 아버지는 언제나 자기를 흉내 내는 아들의 재능을 보고 그의 유일한 그림 선생님으로서 기초 회화부터 가르쳤다. 피카소는 10세 때 아버지가 근무하는 미술 학교에 입학해 아버지 밑에서 그림을 배웠다. 아버지는 집에 돌아와서도 아들에게 그림을 가르쳤고 이 무렵부터 본격적으로 그림 중심의 인생이 시작되었다.

피카소가 회상하기를 아버지는 죽은 비둘기의 다리를 잘라 판자에 핀으로 고정시킨 뒤 만족할 때까지 자세히 옮겨 그렸다고 한다. 또 인간의 손을 그리는 일을 무엇보다 중시해서 손을 데생한 것을 보면 화가로서의 자질이 있는지 알 수 있다고 가르쳤다. 인간의 손을 그린 피카소의 그림을 보면 아버지의 가르침이 그대로 담겨 있는 것을 볼 수 있다. 물론 미술 학교에서 그의 성적은 언제나 일등이었다.

이렇게 아버지의 교육은 계속되었고 그는 특히 데생을 중시했다. 데생을 제대로 할 때까지는 다른 도구를 사용해서는 안 된다고 가르쳤다.

피카소가 13세 되던 해 학생이 선생의 실력을 뛰어넘는 날이 찾아왔다. 아버지는 아들이 자신보다 비둘기 그림을 더 잘 그리는 것을 보고 붓과 도구를 피카소에게 모두 주고 그림을 그만두었다. 이는 더 가르칠 것이 없음을 의미하는데 르네상스 시대의 화가 레오나르도 다빈치에 관해서도 비슷한 이야기가 전해진다.

천 재 의 공 부 법

다빈치는 15세 무렵, 유명한 화가 피렌체의 안드레아 베로키오의 공방에 입문했다. 어느 날 베로키오는 다빈치에게 자신이 제작 중이던 그림에 천사를 그려 넣으라고 했다. 다빈치가 천사를 자기보다 더 훌륭하게 그리는 것을 보고 베로키오는 두 번 다시 붓을 들지 않았다고 한다.

스승보다 뛰어난 제자는 얼마든지 있을 수 있다. 그리고 제자의 뛰어난 재능을 인정하는 것도 스승으로서 중요한 능력 가운데 하나이다. 그런 능력이 없는 스승은 오히려 제자의 재능을 간섭하고 떡잎을 꺾는다. 피카소나 다빈치는 물러나야 할 시기를 안 스승이 있었다는 점에서 행운아라 할 수 있다. 그리고 피카소는 스승이 평가한 것 이상의 재능으로 불과 14세에 일생 최고 걸작이라 불리는 작품을 그릴 수 있었다.

그러나 그렇다고 피카소의 공부가 끝난 것은 아니었다.

언제나 그림을 그렸다

피카소를 비롯한 화가들이 일반적으로 어떤 공부를 하는지 살펴봐도 특별한 것은 없는 것 같다. 너무 단순하고 진부할지 모르지만 화가는 그림을 그리는 사람이며 그들은 그림 그리는 일이 공부다.

'당신은 화가로서 어떤 공부를 했습니까?' 라고 물어본다면 피카소는 분명 '매일매일 그림을 그렸습니다' 라고 대답했을 것이다.

무엇을 하며 하루를 보내는지에 따라 그 사람이 어떤 사람인지 알 수 있다. 매일 같은 일을 반복하는 사람은 그 분야에서 뛰어난 사람이 되기 마련이다.

어릴 때부터 그림을 그리기 시작해 거의 모든 시간을 그림을 그리며 지낸 피카소의 공부 방법은 오로지 그림을 그리는 것 하나에 있었다.

피카소는 일생 동안 2만 점이 넘는 작품을 남겼고 미술 역사상 이를 능가한 작가는 아마도 없을 것이다. 물론 이 방대한 양은 그가 92세까지 장수한 덕도 있다. 그러나 고령이 돼서도 제작 열정은 식을 줄 몰랐다. 1969년에 1년 동안 그린 작품 전람회가 열렸는데 이미 판매된 작품을 빼고도 155점의 작품이 전시되었다. 심지어 대부분이 대작이었다. 이때 피카소 나이가 88세였는데 그럼에도 아직 다 못 그린 그림이 남아 있다고 했다.

피카소는 그림을 빨리 그리는 것으로도 유명하다. 이런 에피소드가 있다.

14세 때 바르셀로나 예술 학교에 입학할 무렵 피카소는 한 달 기한의 입학 시험 과제를 하루 만에 완성했다. 이미 입학한 선배의 것보다 훨씬 더 뛰어난 작품이었기에 사람들은 매우 놀랐다. 그러나 14세에 대작을 그린 화가로서는 별일이 아니었을지도 모른다.

로댕은 '단지 공부만이 있을 뿐 천재는 없다'고 했지만 피카소라면 '단지 자기가 하고 싶은 일을 할 뿐 천재는 없다'고 했을 것이다. 학교에서 하는 공부를 의미한다면 그는 한 번도 공부한 일이 없기 때문이다.

그러나 내가 생각하는 공부는 인간이 인간으로서 존재하기 위해 하는 것이며 그런 의미에서 피카소는 하루도 빠지지 않고 공부를 했다. 그야말로 '공부만이 있을 뿐'이라는 천재의 좋은 본보기라 할 수 있다. 단, 피카소에게 공부란 미래의 걸작을 완성하기 위한 준비가 아니라는 점을 말해 두고 싶다. 그는 어떤 목표를 세워 자신의 스타일을 바꾸지 않았다. 그에게 변신과 진보는 전혀 무관했다. 그가 한 공부는 미래를 위해서가 아니라 하루를 충실하게 보내기 위한 것이었다. 그는 이렇게 말했다.

내 일생을 통해 한 일은 모두 매 순간을 위한 것이었으며 항상 지금 상태로 있기를 원했다. 나는 한 번도 탐구한 적이 없다. 그리고 싶은 대상이 생기면 그저 그렸을 뿐이다."

소년 시절부터 90세를 넘어서까지 언제나 그리고 싶은 대상을 찾고 그 대상을 계속 그렸다니 놀라울 따름이다. 그는 마르지 않는 샘물 같았다. 마치 숨을 쉬는 것처럼 일을 멈춘 적이 없었다.

그러나 그런 피카소도 그림을 일시 중단한 사건이 있었다. 54세 무렵, 약 20개월에 걸쳐 전혀 그림에 손을 대지 않았는데 첫 번째 부인과의 이혼 소송으로 힘든 나날을 보냈기 때문이다. 일생 동안 그는 몇 명의 여자와 사랑을 나눴으며 그것이 작품과 공부에 큰 영향을 끼쳤다. 그는 70세를 넘어 젊은 연인이 떠나간 마음의 고통 때문에 반년이나 그림을 멀리한 일도 있었다.

어쨌든 피카소에게 여자는 공부의 적이었다.

미술관이 학교

대학 시절 나는 문학 서클 활동을 하며 동인지를 낸 적이 있었다. 그때 어느 선배는 '삼다(三多)'라는 말을 자주 쓰곤 했다. 세 가지 일을 많이 한다는 의미로 많이 쓰고, 많이 고쳐 쓰고, 많이 읽는다는 것이었다. 그렇게 하면 훌륭한 소설을 쓸 수 있을까 해서 나도 이 '삼다'에 무척이나 노력을 쏟았다. 그럴싸한 소설은 못 썼지만 화가에게도 이런 공식은 적용되지 않을까 싶다.

이미 언급했듯이 피카소는 많은 그림을 그렸지만 다른 사람의 작품에도 끊임없는 호기심을 보였다. 그에게는 다른 사람의 그림을 보는 일도 공부였다.

피카소는 18세에 스페인에서 가장 뛰어난 예술 학교로 알려진 마드리드 예술 아카데미에 입학했다. 그러나 '예술 학교 선생이 내게 그림을 가르치려 들다니 크게 착각하는 것 같다'며 학교에는 거의 나가지 않았다. 13세에 아버지로부터 더 가르칠 것이 없다는 말을 들은 시점에서 그는 더 이상 배울 것이 없었다. 오로지 혼자서 많이 그리고 보는 것이 전부였다.

마드리드에는 베라스테스나 고야를 비롯한 스페인 화가 이외에 유럽 각국의 명화를 소장한 프라도 미술관이 있다. 피카소는 발이 닳도록 이 미술관을 다녔고 위대한 화가들의 작품을 연구했다. 미술관이야말로 피카소에게는 좋은 학교였다.

 그는 19세에 처음으로 파리를 방문한 후 스페인과 파리를 오가다가 이윽고 파리에 정착했는데 파리라는 도시는 처음부터 그에게 좋은 학교였다. 파리의 미술관과 화랑에서 고호와 로트렉의 그림을 처음으로 보았고 그 영향을 받은 그림도 그렸다. 그에게 다른 사람의 작품을 연구하고 그 사람의 스타일대로 그려보는 것도 소중한 공부였다. 독창적인 듯 보이는 피카소의 작품도 사실은 다른 사람의 작품과 비슷한 것이 많았다. 그 대표적인 예로 『게루니카』를 들 수 있다.

 '피카소는 독창성이 없다. 그는 항상 예전의 대가인 앙글이나 로트렉의 작품을 옆에 두고 있다'고 주장하는 비평가도 있는데 이런 주장도 일리는 있다. 그러나 회화 세계뿐만 아니라 문학이나 철학, 음악에서 완전한 독창성이 있을 수 있을까? 모든 사물은 어디에서든 영향을 받고 조금이라도 다른 사람의 것을 빌린다.

 이미 언급했듯이 독창성과 개성을 강조하는 현대의 교육 풍조에서는 모방 능력과 사물을 정확하게 기억하는 능력을 소홀히 하기 쉽다. 이런 능력을 발전시키기 위해서는 많이 모방하고 많이 기억하는 수밖에 없다. 어떤 능력을 발전시키는 최선의 방법은 바로 그 능력을 혹사하는 것이다. 피카소를 잘 아는 사람들의 증언에 의하면 그는 한 번 본 것은 결코 잊지 않았으며 필요할 때 자유자재로 재현했다고 한다. 이것도 화가로서는 훌륭한 학습 효과라 할 수 있다.

피카소의 스타일 변화와 동화 능력 또는 차용 능력 등은 저절로 생겨난 것이다. 큐비즘은 어느 누구의 영향도 받지 않은 피카소만의 독창적인 회화 양식이라 할 수 있다. 그리고 그것은 혹성이라도 나타난 것처럼 획기적인 일이었다. 하나의 대상을 여러 시점에서 보고 그것을 평면에 옮겨 그리는 큐비즘은 이전까지 어느 누구도 시도하지 않은 것이었다.

그러나 이를 모방하고 차용한 화가는 있었다. 나는 피카소 역시도 큐비즘 양식을 조각에서 차용한 것이 아닐까 하는 추측을 해본다.

『아비뇽의 여인들』은 큐비즘 양식 최초의 작품으로 1907년에 발표되었다. 그는 약 2년 전부터 조각을 시작했고 특히 고대 스페인 조각에 관심이 많았다.

큐비즘은 큐브(입방체)를 따라 그림을 그리는 것에서 생겨난 이름이다. 피카소는 입체를 어떻게 하면 평면체로 재현할 수 있을까를 연구했고, 이것은 인간이 그림을 그리기 시작한 이래로 계속 고민해 온 일이었다. 간단히 말하면 그는 조각을 모방해서 그림을 그렸다. 마치 소상(塑像)을 만드는 기분으로.

　피카소는 무엇이든지 모방할 수 있는 화가였다. 70세에 완성한 『원숭이와 그의 새끼』라는 유머러스한 조각이 있다. 원숭이 얼굴의 한 부분에 장난감 자동차를 그대로 얹은 것이었다. 그러나 장난감 자동차라고 일부러 말하지 않으면 모를 정도로 원숭이 얼굴의 한 부분으로써 완벽하게 어우러져 있다. 그 둘의 닮은 점을 발견한 것이 바로 그의 독특함이다. 그 이외에도 바구니와 수도꼭지, 자전거 핸들(이것은 소의 뿔이 되었다) 등을 이용한 조각을 만들었으며 하나같이 탁월한 차용 능력을 보여주었다.

모사(模寫)에 의한 훈련

　미술 평론가 타카하시 슈지는 『피카소 표절의 논리』라는 책에서 피카소만큼 뛰어난 창조력을 갖고 있으면서도 대표작 대부분에 표절 흔적을 보이는 작가는 없다고 했다. 보통 사람 눈에는 독창적으로 보이는 작품도 전문가 눈에는 피카소가 무엇을 표절했는지 보이기 마련이다. 피카소 역시 그런 사실을 별로 감추려 하지 않았고 오히려 당당했다. 그의 작품에는 미술 지식이 조금이라도 있는 사람이라면 금방 알 수 있는 작품도 적지 않았다.

1951년에 그린 『조선의 학살』이 그 좋은 예이다. 한국 전쟁에서 모티프를 얻은 이 작품에는 벌거벗고 서 있는 여자들의 무리와 총을 들이대는 병사가 그려져 있다. 구도는 고야의 『5월 3일의 처형』과 거의 똑같다. 피카소가 고야 그림의 구도를 모방했다고 할 정도다. 물론 고야의 작품에 관해서는 피카소도 알고 있었으므로 완전한 차용이라고 할 수도 있다.

모사란 차용과 모방이 더욱 발전한 것이다. 그리고 모사는 피카소에게 중요한 작업이기도 했다.

그는 이렇게 말했다.

"타인을 모사하는 일은 필요하다. 그러나 자신을 모사하는 것은 가엾은 노릇이다."

피카소가 17, 8세 경에 그린 베라스케스의 『필리페 4세 상』의 모사는 원화와 겨우 손톱만큼의 차이가 날 뿐이다.

중학교 시절, 미술 시간에 모두 교정에서 선생님과 운동장을 에워싼 나무를 그리는데 혼자 교실에 남아 벽에 기댄 채 달력의 그림을 베끼던 여학생이 있었다. 달력에는 르느와르의

변신의 귀재 화가 피카소

꽃 그림이 있었던 기억이 난다. 그림에 소질이 없는 나로서는 명화를 베끼는 발상은 불가능했다. 그 정경을 기억하는 것은 다소 의외였기 때문이었는데 피카소의 생애와 작품을 조사하던 중 내 기억 속에 방치된 수수께끼가 40년의 시간이 지나 풀렸다. 반에서 그림을 제일 잘 그리던 그녀는 후에 미술 학교로 진학했는데 명화를 베끼는 일이 화가가 되기 위한 연습이라는 것을 알았던 모양이다.

17세기 프랑스 화가인 풋산의 작품을 모방한 『풋산에 의한 바카나레』라는 그림이 있다. 이를 모사하면서 피카소는 '이것도 나를 위한 훈련이며 수업'이라고 했다. 피카소의 독특한 점은 훈련으로 시작한 모사를 습작으로 끝내지 않고 원화를 연상시키면서도 독자적인 세계를 표현한 작품으로 승화하는 데 있다. 『르느와르에 의한 시슬레 부처의 상』이라는 데생이 그 좋은 예이다.

부인이 남편의 팔에 양손을 얹고 남편은 부인의 귀에 무언가를 속삭이는 정경을 그린 작품이다. 피카소가 간략하게 그린 선은 원화를 간결하게 표현했을 뿐 아니라 원화에 나오는 모델을 바로 보고 그린 것 같다. 피카소는 르느와르의 그림을 베끼려고 한 것이 아니라 르느와르 그림에서 모델만을 재현해 그리려고 한 것이 아니었을까?

천 재 의 공 부 법

이렇게 생각하면 하나의 원화를 기본으로 다수의 연작을 그리는 이유도 알 것 같다. 예를 들면 『마네에 의한 풀 밭 위의 점심』은 무려 140점에 이르는 연작이 있다. 이 경우에는 모사라 할지라도 피카소 특유의 큐비즘을 이용한 것이므로 인물상은 다소 과장되었다. 마네의 그림을 모사하기 위해서라면 이렇게 많은 그림을 그릴 필요는 없었기 때문이다.

마네의 그림을 모사하면서 피카소가 본 것은 마네의 그림이 아니라 마네의 그림을 통해 보이는 이미지, 풀 밭 위에 앉은 남자들과 벌거벗은 여인의 모습이다. 피카소는 이것을 모든 가능성을 동원해 다양하게 그렸다. 그는 마네 베끼기의 결정판을 그리려는 의도보다는 하나의 소재로 얼마나 많이 창작할 수 있는지 자신의 창작력을 시험해 보고 싶었던 것이다. 단 하나의 소재로 백 점 이상의 그림을 그리다니 과연 대단한 재능을 지녔음에 틀림없다.

피카소가 이 연작을 그린 것은 79세의 일이었다. 이 작업은 지칠 줄 모르는 창작 욕구며 훈련이자 공부였다.

처음은 아름답게, 마지막은 추하게

피카소는 예술에 다양한 가능성을 시도하고 끊임없이 변화를 추구했는데 여성에 대해서도 마찬가지였다. 그에게 여성이란 공부의 최대 적이기도 했지만 동시에 창작의 원천이기도 했다. 여성 편력에서 많은 것을 배운 시인 괴테처럼 피카소도 많은 여성들로부터 영감을 얻었고 곧 그것을 작품에 새겼다.

피카소의 그림 스타일 변화는 여성과의 만남과 밀접한 관계가 있다. 파리에 와서 얼마 지나지 않을 무렵 실연으로 친구가 자살했다. 그는 그 죽음을 계기로 푸른 색조로 인간의 고독과 고통을 테마로 한 그림만 그렸다. 그런데 페르난도 올리비에라는 여성과 만나 동거한 후부터 장밋빛의 밝은 색조가 그림 전체를 지배하기 시작한다.

피카소는 일생 동안 일곱 명의 여성과 동거하거나 결혼했으며 그녀들 모두 그림의 모델이 되었다. 그녀들의 사진과 그림을 비교해 보면 누가 어느 그림의 모델인지 확연히 알 수 있다. 그리고 거의 대부분 처음에는 아름답게, 마지막에는 추하게 그려져 있다. 그림 속에서 어떤 모습으로 그려졌는지를 보면 상대 여성에 대한 마음의 변화를 잘 알 수 있다.

피카소의 첫 번째 부인은 말이나 추한 노파로 그렸고 개나 두꺼비의 얼굴로 그린 연인도 있었다. 말하자면 그림을 최후

통첩으로 사용했다고 할 수 있다. 그는 '그림 속에 자신이 그런 모습으로 그려진 것을 알면 괴롭겠지?' 라고 태연하게 말한다.

'나는 멈추지 않는다' 라는 피카소의 말은 예술뿐만 아니라 여성에 대해서도 잔혹하게 실천한 것을 보고 그에게 반감을 품은 사람도 적지 않다. 처음의 정열이 식고 점차 상대가 지겨워져 증오를 느낀 나머지 그림 속에서 죽이는 일까지 있었다.

한편 피카소는 인체를 해체해 놓은 듯한 그림을 몇 개 그렸는데 거기에도 여성에 대한 증오가 강하게 표현되어 있다. 「세 무용수」에서는 여성의 몸을 잔인할 정도로 분해했는데 이것은 첫 번째 부인 올가에 대한 증오가 표현된 그림이다.

'피카소가 그리는 여성은 그 당시 피카소가 사랑한 인물의 초상화였고 창작한 것은 하나도 없다'고 피카소를 잘 아는 화상(畵商)이 말했다. 이 말은 '얼굴 원형이 없어져서 마치 어떤 기호처럼 변형되어 그려진 여성의 얼굴'에도 해당되는 설명이다. 그런 예로 『빨간 의자에 앉은 나부』라는 작품이 있다.

입은 크게 벌린 채 치아는 드러내 놓고 무언가를 씹는 듯한 얼굴을 그린 작품으로 보는 사람이 혐오감을 느끼게 한다. 그 추악함은 데포르메로 표현했기 때문에 한층 더 강조되어 피카소만큼 여성을 추하게 그리는 화가는 없을 것이라는 느낌마저 준다. 누구라도 이런 여성으로부터는 자연스럽게 시선을 피하기 마련이다.

그러나 피카소의 그림을 자세히 살펴보면 변형되어 있기는 하지만 남자도 때로 추악한 표정을 짓고 있는 것을 발견할 수 있다. 피카소는 인간을 일부러 추악하게 그린 것은 아닐까? 미술의 역사를 살펴보면 여성을 아름답게 그린 그림은 셀 수 없이 많다. 그러나 피카소는 아름다운 것만이 그림의 대상은 아니라고 생각했다. 인간의 현실 속에는 미(美)와 추(醜)가 혼재하기 때문이다.

물론 여성의 미를 강조한 작품도 그렸지만 잔혹하리만큼 여성을 추하게 표현한 작품에서 틀을 깨는 새로움을 느낄 수 있다. 인간의 얼굴은 종잡을 수 없이 빠르게 변하는 미(美)와 추(醜)가 교착하여 아무리 그려도 다 그릴 수 없다. 인간의 얼굴은 많은 것을 호소하고 있다. 피카소는 그런 인간의 모습을 그리기 위해 변신을 시도한 것이다.

참고 문헌

「피카소 전집」, 고단샤.

브렛세이 「말하는 피카소」, 이이지마 코이치, 미스즈쇼보.

팬로즈 「피카소」, 타카하시 슈지, 신조사.

호핀튼 「피카소 거짓의 전설」, 타카하시 사나에, 소시사.

타카하시 슈지 「피카소 표절의 논리」, 미술 공론사.

웃음의 예술가 채플린

찰리 채플린(1889~1977)은 1914년 처음으로 영화에 등장했다. 채플린 초기 영화는 대부분 15분 정도의 단편으로 우왕좌왕하며 뛰어다니는 것으로 끝나는 희극이다. 그 가운데 몇 편을 다시 본 나는 아직도 충분히 관객들에게 인정받을 수 있는 웃음이 가득하다는 사실에 감탄했다. 최근 일본 텔레비전에서 인기를 끄는 개그 프로그램은 대부분 채플린을 모방한 것이다.

포스트 모던이 유행인 요즘 80년도 더 지난 개그가 통용되어 사람들을 웃기는 것은 대단한 일이다. 시대에 상관없이 인간은 비슷한 이유로 웃게 되는 것이리라.

사람을 웃기는 포인트는 예나 지금이나 변함이 없다. 그리고 웃음에는 국경도 없다. 채플린 영화는 미국과 유럽은 물론이고 세계 각국의 사람들을 똑같이 웃게 하는 마력이 있다.

그러나 채플린은 사람을 울리기도 했다. 1930년대에서 40년대에 걸쳐 완성된 그의 대표작 『시티라이트』와 『모던 타임즈』, 『위대한 독재자』, 『살인광 시대』는 사람을 웃기고 울린다. 뿐만 아니라 그 이상의 것을 느끼게 하고 생각하게 한다. 사람으로 하여금 생각하게 하는 것은 웃기는 것과 마찬가지로 어려운 일이다.

『모던 타임즈』와 『위대한 독재자』는 가장 많이 웃게 만드는 영화이다. 그러나 단지 웃고 끝나는 영화가 아니다. 웃음 속에 생각이 있고 생각으로 인해 웃음을 의미 깊게 한다. 나는 채플린을 '웃음의 예술가'라고 부르고 싶다. 채플린은 말했다.

"*영화의 목적은 웃기는 것이다. 그러나 그 속에는 20세기의 심각한 내용이 들어 있다.*"

심각한 내용이란 사람들이 지금까지 눈치 채지 못한 것을 생각하게 하는 것이다. 웃음뿐만 아니라 그런 내용이 있기 때문에 채플린 영화는 잊지 못할 인상을 남긴다. 채플린의 장편 영화를 한 편이라도 본다면 누구나 그런 감동을 느낄 것이다.
아직도 세계 각 나라 사람들을 웃기는 웃음의 예술가 채플린은 과연 어떤 공부를 했을까?

쇼펜하우어

나는 약 20년 전에 처음으로 채플린의 영화를 봤다. '비바! 채플린'이라는 제목으로 『모던 타임즈』와 『위대한 독재자』 등 대표작이 상영되었을 때의 일이다. 처음에는 역사적으로 유명한 영화이기 때문에 봐도 손해는 아닐 거라는 가벼운 기분이었다. 그러나 영화관을 나오는 순간 이 두 영화를 최고 걸작으로 꼽는 데 주저하지 않았다. 지금도 가끔 비디오로 보는데 처음의 감동이 조금도 퇴색하지 않았다.

처음 채플린 영화를 봤을 때 이렇게 훌륭한 영화를 만든 채플린은 도대체 어떤 인물일지 궁금한 마음에 그의 자서전을 읽어보았다. 자서전 또한 무척이나 재미있었다. 그중 나는 그 긴 생애 이야기에 비하면 사소하기 그지없는 한 구절에 마음이 끌렸다. 그것은 그가 20대 초반 무렵 독일의 철학자 쇼펜하우어의 『의지의 표상으로써의 세계』를 읽기 시작하여 40년 동안 몇 번이나 읽고 포기하기를 거듭했는데 아직도 끝까지 다 못 읽었다는 부분이다.

쇼펜하우어라면 인생은 고뇌의 연속이며 인간은 참고 살아가야 한다고 말한 철학자이다. 『의지의 표상으로써의 세계』는 그의 사상을 둘러싼 장대한 철학서이며 결코 읽기 쉬운 책은 아니다. 철학에 큰 관심이 있는 사람이 아니라면 좀처럼 읽으려 하지 않는 책이기도 하다. 그것을 채플린이 읽고 있었다. 그것도 중단을 거듭하면서 40년 동안이나 가까이에 두고 가끔 펼쳐 보았다.

채플린과 쇼펜하우어.

다소 기묘한 조합이기는 하다. 한 사람은 전 세계 사람들에게 웃음을 주는 희극 배우이고, 다른 한 사람은 언제나 삽살개를 데리고 벌레 씹은 표정을 한 채 지팡이로 지면을 두드리며 걷던 고뇌에 찬 철학자이다.

채플린은 쇼펜하우어 외에도 독서 리스트를 만들어 남모르게 책을 읽었으며 남에게 뒤처지지 않을 만큼 공부했다. 내가 앞서 말한 그 사소한 구절에 관심을 갖은 것도 바로 이런 이유 때문이다.

한편 채플린이 쇼펜하우어의 어디에 끌렸으며 무엇을 배웠는지는 아무런 언급이 없다. 직업상 쇼펜하우어의 웃음에 관한 분석은 읽었을 것이다. 쇼펜하우어는 웃음이란 어떤 개념과 거기에서 유추된 현실과의 불일치에서 생긴다고 했다.

개념과 현실과의 불일치. 철학자는 이런 추상적인 말을 좋아한다. 쉽게 말하면 어떤 사물이 원래 갖추고 있어야 하는 것과 전혀 다른 기능을 하는 것이다. 채플린 영화에서 그 실례를 들어보면 철학자의 분석이 현대 사회에도 통용되는 것을 알 수 있다.

1916년에 제작한 『소방수』에는 소방차의 탱크 뚜껑을 비틀면 커피가 나오는 장면이 있다. 사람들은 대부분 이 장면에서 웃는다. 소방차의 개념이 불을 끄기 위한 장치라면 커피메이커는 현실에 해당하는데 사람들은 그 둘의 불일치 때문에 웃는 것이다.

1918년 작품 『개의 일생』에는 개가 꼬리로 드럼을 두드리는 장면이 있다. 이것 역시 개의 꼬리라는 개념이 드럼 채라는 현실로 변신하는 불일치가 웃음을 불러일으킨다.

한편 1940년에 제작한 『위대한 독재자』에는 독재자 힌켈이 편지 봉투를 붙이면서 그의 옆에 부동 자세로 서 있는 뚱뚱한 사관의 혀로 봉투의 끝을 핥게 하는 장면이 있다. 또 1936년의 작품 『모던 타임즈』에는 자동 식사기가 고장나서 입을 닦아야 할 장치가 채플린의 얼굴을 계속 때린다. 이 모든 장면은

웃음의 예술가 채플린

철학적으로 말해 개념과 현실의 불일치를 표현한 것이다.

물론 채플린 영화의 웃음이 모두 이런 불일치로부터 생산되지는 않는다. 채플린으로서는 쇼펜하우어의 이론을 읽고 '아, 내가 하는 일이 철학적으로는 이런 의미가 있구나' 하고 무릎을 쳤을지도 모른다. 만약 그렇다면 쇼펜하우어의 이론을 기본으로 웃음을 창조해 냈을 가능성도 있다. 언제나 웃음의 소재를 찾기 위해 노력한 채플린에게 쇼펜하우어의 이론은 좋은 힌트가 되었을 것이기 때문이다. 채플린이 웃음을 쇼펜하우어에게 배웠다고 상상하는 것만으로도 꽤나 재미있다.

웃음의 기본

데이비드 로빈슨의 『채플린』에는 그의 영화가 얼마나 많은 사람들에게 웃음을 선사했는지 몇 가지 사례가 나와 있다. 예를 들면 채플린 영화를 2주 동안 상영하면 관객들이 웃고 뒹구는 통에 객석의 볼트를 쪼아놓아야 할 정도였다고 한다.

또 영국의 라디오 방송국에서는 『황금광 시대』를 보는 관객의 웃음소리를 10분 동안 방송하는 방송사에 남을 기이한 실험을 하기도 했다. 이를 위해 눈 덮인 산의 절벽 끝에서 시소처럼 흔들리는 통나무 집 장면을 찍었다. 채플린과 그의 파트너가 걸어다니는 것에 맞춰서 오두막이 기울고 당장이라도 절벽에서 떨어질 것 같다. 이 장면은 몇 번을 보아도 계속 웃음이 나오는 장면이기는 하다. 그 라디오 방송국에서는 웃음의 광풍이 예정대로 10분 동안이나 계속되었다고 한다. 그리고 지금 다시 실험을 해도 결과는 마찬가지일 것이다.

앞서 말했듯이 채플린이 만드는 웃음에는 시대를 초월한 새로움이 있다. 그리고 그런 웃음을 만들 수 있는 사람이야말로 진정한 웃음의 예술가라 할 수 있다. 10분 동안이나 계속해서 사람을 웃기는 일은 보통의 노력으로는 불가능한 일이기 때문이다.

'웃으면 복이 온다'는 속담이 있다. 웃음은 심신의 건강을 위해 할 수 있는 가장 값싸고 간단한 방법이다. 어느 부상병이 채플린 영화를 보고 한참 웃고 난 뒤 목발도 잊은 채 벌떡 일어나 걸어갔다는 일화도 전해진다. 아마 실제로 그런 일도 있었을 것이다. 웃음의 치료 효과를 검토하기에 채플린 영화만큼 좋은 소재도 없으리라 생각한다.

채플린 영화에서 웃음의 기본은 중절모와 콧수염, 낡은 저고리, 헐렁한 바지, 커다란 신발, 지팡이, 그리고 오리걸음이라는 그의 독특한 스타일에 있다. 그의 트레이드마크가 된 이

스타일은 1914년, 두 번째 영화에 처음 등장했다. 그 이후부터 『모던 타임즈』에 이르기까지 약 20년 동안 그는 줄곧 같은 스타일로 스크린에 나타나 언제나 변함없는 방랑자의 모습으로 관객을 웃게 했다. 생각해 보면 약 20년 동안이나 같은 모습을 한 동일 인물이 내용이 다른 영화에 등장한다는 설정 자체가 묘한 기분이 들게 한다. 그리고 동시에 관객들이 그 모습을 지겨워하지 않았다는 것도 놀랄 만하다. 나 역시 그의 영화를 아무리 봐도 질리지 않는 것처럼 말이다.

그런 영화의 비결은 무엇일까? 이것은 인간은 왜 웃는가 하는 문제만큼이나 대답하기 힘든 질문이다. 웃음의 원리를 설명한 쇼펜하우어도 인간이 왜 웃는지에 관해서는 아무 언급도 하지 않았다. 인간은 유일하게 웃는 동물이다. 인간의 최고 비밀도 웃음 속에 숨겨져 있는지 모른다. 도스토예프스키도 이렇게 말했다.

"나는 웃는 것만 봐도 그 사람이 어떤 사람인지 알 것 같다. 모르는 사람을 처음 만나서 그 사람의 웃는 얼굴이 마음에 들면 좋은 사람이라고 생각한다(『죽음의 집의 기록』)."

인간은 왜 웃는가? 누구나 알게끔 논리 정연하게 설명하면 이제 아무도 웃지 않을지 모른다. 인간은 자신이 왜 웃는지 모르기 때문에 웃는다.

채플린은 자신의 웃음의 기본은 오리걸음에 있다고 했다. 그는 이 걸음을 익히기 위해 상당한 연습을 했다. 그 걸음은 소년 시절 거리에서 류마티즘 때문에 한쪽 다리를 끌며 걷는 노인을 보고 힌트를 얻었다. 채플린이 '그 할아버지는 이렇게 걸어요'라며 어머니에게 보여주자 어머니는 남의 불행을 보고 웃어서는 안 된다고 야단을 치기는 했지만 웃음을 참느라 혼이 났다고 한다. 그리고 영화 배우가 된 채플린은 언제나 그 걸음걸이만 생각하고 날마다 연습한 끝에 누구라도 그 걸음걸이만 보면 웃게 했다고 한다.

커다란 거울 앞에서 그 걸음을 연습하던 채플린을 떠올리면 저절로 웃음이 난다. 영화에서는 거의 웃지 않는 채플린도 거울에 비친 자신의 우스꽝스런 모습에 무심코 배를 잡고 웃었을 것이다.

진흙탕 같은 어린 시절

채플린의 트레이드마크인 부랑자 모습은 순간적으로 탄생

했다. 그런데 그 속에는 비참하게 가난했던 어린 시절의 체험이 투영되어 있다. 그는 언제나 어른들 속에 섞인 아이 같은 느낌이 든다고 했다. 20대의 젊은 나이에 미국의 대부호로 손꼽힌 채플린은 가난했던 어린 시절을 잊지 않으려고 부랑자 스타일을 고수했다.

고아와 그를 키우는 가난한 남자의 이야기를 그린 『키드(1922년)』나 개와 함께 사는 남자 이야기인 『개의 생활』 등은 채플린 자신의 가난하고 비참한 소년 시절 체험이 모티프가 된 작품이다. 또한 이들 작품을 통해 자신의 체험을 그리고자 했다.

그는 소년 시절을 돌아보며 진흙탕 같은 비참한 생활이라고 했다. 채플린이 태어난 바로 다음 해에 뮤직홀의 배우였던 부모가 별거했다. 그는 어머니, 그리고 네 살 많은 의붓형과 함께 런던의 슬램가에서 자랐다. 아버지는 양육비를 잘 보내주지 않았고 배우를 그만둔 어머니는 집에서 봉재 일을 하며 가계를 꾸렸다. 그러나 끼니도 제대로 못 챙길 정도로 가난한 생활이 계속되었다. 옷을 살 돈이 없어서 언제나 닳아 해진 옷을 입었고 구두가 없어서 어머니의 구두를 신었다. 그 차림새로 어린 채플린은 빈민자 급식소로 달려가 한 끼 식사를 받아서 돌아오곤 했다. 그 후 어머니는 정신병 때문에 입퇴원을 반복했고 결국 치료조차 못할 지경에 이르렀다.

 그러나 채플린은 그런 어머니의 아름다운 모습만을 자서전에 기록하려 했다. 그는 어머니가 한 다발의 꽃처럼 보였다고 썼다. 무대에서 노래를 부르고 팬터마임을 하며 이름이 알려진 그녀는 아이들을 연예인으로 만들려고 집에서 여러 가지 예능을 가르치기도 했다.

 "내가 본 어머니의 팬터마임은 아주 멋있었다. 어머니의 동작을 보고 있으면 손이나 얼굴로 표현하는 기술과 인간이라는 존재를 배울 수 있었다."

 채플린에게 어머니는 가장 좋은 선생이기도 했다.
 그가 자서전에서 어머니를 아름답게 묘사한 것은 가난한 생활 속에서도 어머니의 애정을 듬뿍 받고 자라났기 때문이다. 아이에게는 부모로부터의 사랑이 무엇보다 필요하다. 부모는 마음을 다해 자녀를 사랑해야 한다. 절망적인 상황에서도 어머니의 애정이 있었기에 채플린은 비행 소년이 되지 않았다.
 채플린이 극빈자 수용 시설에 머물 무렵 다른 시설에 있는 어머니가 면회를 온 일이 있었다. 이때 그는 버짐이 생겨서 머리를 빡빡 깎고 요오드를 바른 다음 손수건으로 싸맨 우스꽝스런 모습이었다.

"어머니는 큰 소리로 웃으며 나를 안고는 키스를 퍼부었다. 그리고 그때 어머니가 하신 말씀을 아직도 잊을 수가 없다. '괜찮다, 아가야. 네가 아무리 지저분한 모습을 하고 있어도 엄마 눈엔 너무 귀엽단다'라는 말씀을."

『키드』에는 채플린이 키우던 고아를 강제로 고아원으로 데려가려는 사람들에 맞서 초인적인 활약을 하는 감동적인 장면이 있다. 마음속 깊이 남아 있는 어머니의 그 말씀이 아마도 이 장면을 만들었으리라. 그러고 보면 『모던 타임즈』에도 비슷한 장면이 있다. 부랑자로 등장하는 채플린은 감옥을 제 집 드나들듯 하는데 고아원은 아이들에게 감옥과 같았을 것이다.
채플린은 영화 속에서 웃음이라는 감미료로 사람들을 즐겁게 하면서도 힘든 어린 시절의 체험을 담아냈다.

대부호가 된 채플린

속된 말로 하면 돈과 명예와 여자, 이 세 가지를 얻고자 하는 바람은 남자에게 살아가는 활력과 의욕을 주는 원동력이다. 모든 노력과 공부는 이처럼 손으로 만질 수 있는 성과가 있어야만 보상받을 수 있다. 그리고 이 세 가지는 인생 목표의 전부는 아니더라도 남자가 살아가기 위한 필요 조건이라 할 수 있다.

우선 돈은 진흙탕과 같은 가난을 체험한 채플린에게 생과 사를 가르는 절실한 문제였다. 그는 5세 때 처음으로 무대에 서며 예술과 돈의 관계에 눈을 떴다. 당시 그의 어머니는 작은 뮤직홀에서 노래를 불렀는데 노래 도중에 갑자기 목소리가 나오지 않았다. 그때 무대 끝에 있던 채플린이 대역으로 무대에 올려져 노래를 불렀다. 그는 언제나 무대 끝 자락에서 어머니의 노래를 들었기 때문에 가사는 이미 다 외우고 있었다. 꼬마가 노래를 곧잘 하자 관객들은 크게 웃었고 무대로 많은 돈을 던졌다. 채플린은 그 돈을 주워 모으며 계속 노래했다.

그때 얼마나 많은 돈을 모았는지는 모르지만 그는 자서전에 어린 시절 돈을 번 일을 자세히 기록하고 있다. 또 12, 3세 무렵에 인쇄소 일을 도와주고 일주일에 20실링, 방과 후에 댄스를 가르쳐서 5실링씩 받은 일, 선원인 형의 옷을 5실링 받고 전당포에 맡기고 세 식구가 일주일 동안 끼니를 해결한 일 등이 적혀 있다. 그 후로 몇십 년 동안이나 이런 사소한 일까지 빠짐없이 기억하고 있는데 이는 가난한 어린 시절을 보내고 후에 대부호가 된 앤드류 카네기와 비슷하다.

카네기도 가난한 어린 시절에 가족을 먹이기 위해 번 1달러, 1센트까지 자세히 자서전에 적었다. 그들에게 어린 시절에 체험한 돈을 둘러싼 아픈 기억과 돈에 대한 소중함은 살아가는 의욕을 불러일으켜 준 강한 힘이었다. 그렇지 않고서야 성공한 대부호가 몇십 년이나 지나서 1실링, 1달러에 집착할 이유가 없기 때문이다.

채플린은 19세에 카노 극단에 들어가 순회 공연을 하면서 안정된 수입을 얻었다. 그 후 미국으로 건너가 영화에 출연하게 된 뒤부터 수입은 급상승했다. 24세에 주급 150달러에서 이듬해는 1,200달러, 2년 후에는 만 달러, 그리고 28세에 연봉이 백만 달러를 넘었다. 4년 동안 약 130배가 된 셈이다. 무명 배우가 세계 제일의 고액 연봉자로 출세한 것이다. 그 후 채플린은 영화를 직접 프로듀서하며 더 많은 수입을 올렸다. 1년 반 만에 92만 달러의 자금을 투입해서 제작한 『황금광 시대』는 600만 달러 이상의 수입을 거둬들였다.

이렇게 부를 얻은 그는 어디에 돈을 썼을까? 할리우드에 대저택을 짓고 대부분은 영화 제작에 썼다. 채플린이 많은 시간과 돈을 들여 영화를 만들었던 것도 풍부한 자금력 덕분이었다. 돈으로 자유를 살 수 있게 된 것이다.

그러나 자유를 누리려면 부를 축적하는 것과는 다른 능력이 필요하다. 돈이 갑자기 많이 생기면 그 사람이 어떤 사람인지 알 수 있다. 그는 넘치는 부를 자신의 재능을 위해 썼고 그런 사람은 흔치 않다. 그는 자신의 연구를 위해서 연구비를 아끼지 않는 과학자나 마찬가지였다.

세상에서 가장 유명한 인물

두 번째로 명예에 관해서다. 채플린은 아카데미 특별상과 베니스 영화제 금사자상을 시작으로 영화인으로서 최고의 명예를 얻었다. 또, 프랑스 영화 비평가 협회로부터는 노벨 평화상에 추천되기도 했고 옥스퍼드 대학에서 명예 박사 학위도 받았다. 물론 그 나름대로 명예로운 일이었지만 영화 감독이나 배우로서 최대의 명예는 대중의 인기를 얻는 것이다. 그는 스크린에 등장해 큰 성공을 거두었는데 어느 프랑스 비평가는 말한다.

그는 세상에서 가장 유명한 인물이다. 잔 다르크, 루이 14세

를 능가하는 유명인이다. 채플린과 어깨를 나란히 하는 사람은 예수와 나폴레옹밖에 없다.

과장처럼 보이지만 채플린 영화는 처음부터 사람들을 사로잡았다. 미국에서는 채플린을 모델로 한 인형과 장난감이 생산되었으며 만화에도 등장해서 오리걸음을 유행시켰다. 또 채플린 분장 대회가 열렸고 가장무도회 때면 남자의 열에 아홉은 채플린 분장을 했다. 그리고 그의 분장을 한 강도까지 나타났다. 인기 절정의 배우로서 이처럼 명예로운 일은 없을 것이다.

1921년 채플린이 9년 만에 고향인 영국을 방문했을 때 고작 3일 만에 6만 3천 통의 편지와 엽서, 소포와 전보를 받았다. 이 우편물들을 나누기 위해 여섯 명의 타이피스트가 고용될 정도였다. 또 세계 각국에서 온 팬레터를 처리하기 위해 외국어가 능숙한 비서를 고용하기도 했다.

그러나 채플린은 이처럼 세계 각지에서 보내온 열광적인 팬들의 마음이 기쁘지만은 않았다. 거기에는 다소 복잡한 사정이 있었기 때문이다. 『키드』가 전 세계 50개 나라에서 히트를 기록했을 무렵 채플린은 '한 번 나에게 보내는 박수와 성원을 경험하고 싶었다. 어쩌면 『키드』는 내 마지막 영화가 될지도 모른다. 그리고 두 번 다시 스포트라이트를 못 받을지도 모른다'며 불안해했다.

전력을 다해서 일을 한 사람은 이런 기분에 빠지기 쉽다. 또 그는 언젠가는 인기가 없어지리라는 것을 알았다. 그리고 이런 위기 의식은 창조적인 일을 하는 사람이라면 누구나 느낀다. 위기 의식이 없으면 곧 창조도 없는 것이다.

한편, 여자는 돈과 명예만큼 순조롭지 못했다. 그도 그럴 것이 여자는 돈과 명예처럼 눈에 보이는 실적으로 나타낼 수 없기 때문이다.

평생 그는 네 명의 부인이 있었으며 한 명만 빼고는 모두 16, 7세의 어린 나이였다. 진보한 문명 사회일수록 이혼율과 메마른 인간관계는 비례한다. 채플린이 바로 그 전형적인 예로 첫 결혼은 2년 만에, 두 번째 결혼은 3년 만에 깨졌다. 세 번째 부인과는 6년 후에 이혼하고, 54세에 17세의 우나 오닐과의 결혼이 마지막이었다. 그리고 75세 때 자서전에 우나와의 행복한 생활을 기록하기도 했다.

그러나 사실 그는 몇 번이나 여자 때문에 트러블에 휩싸였다. 이혼할 때마다 거액의 위자료를 지불했고 부인들이 낳은 아이의 친권을 둘러싸고 귀찮은 소송에 휘말리기도 했다. 또 두 번째 부인과의 이혼 소송에서는 막 촬영을 마친 필름을 차

압당할 뻔하기도 했다. 그 탓에 40세가 되기도 전에 머리는 백발이 되었다.

여자에 관한 한 아무리 노력과 공부를 해도 남자의 바람처럼 성공하는 일은 지극히 어려운 일이다.

독서광

내가 채플린의 공부 방법에 관심을 갖게 된 데는 앞서 밝힌 쇼펜하우어에 관한 에피소드 말고도 또 다른 이유가 있다. 그는 배우이자 감독, 각본, 음악까지 혼자서 모든 것을 책임지며 영화를 만들었는데 어느 것 하나 빠짐없이 뛰어난 재능을 보였다. 나는 바로 그 점에 감동했다. 그렇게 다양한 분야의 일을 잘하기 위해서는 그에 상응하는 교양과 지식, 경험과 수련, 그러니까 '공부'를 해야 한다.

그중에서도 그가 상당한 독서가였다는 사실에 가장 흥미를 느꼈다. 채플린의 아들은 아버지가 독서광이었다고 회상한다. 침실과 거실에는 두꺼운 웹스터 영어 사전이 있었다. 그렇다고 그가 어렸을 때부터 책 읽기를 좋아한 것은 아니다. 극빈자 시설 부속 학교와 유랑 극단에 들어가서는 공연지에 있는 학교에서 수업을 받기도 했지만 배운 것은 거의 없었다. 14세에 어느 극단에 들어가 아역을 맡았지만 그 나이가 돼서도 글을 배우지 못한 그는 대본을 읽을 줄 몰랐다. 그래서 형인 시드니가 대본을 읽어주면 자기 대사만 외웠다. 아마 이런 경험이 독서에 매달리게 된 계기가 되었으리라.

몇 년 후 카노 극단에 들어가서 경제적으로 여유가 생겼을 때 향학열이 불타오르기 시작했다. 옷을 사는 데 쓰는 돈 이외에는 책을 사는 데 유일하게 사치를 부렸다. 그의 동료들은 채플린이 연습실에 책을 쌓아놓고 틈만 나면 책을 읽었다고 한다. 그 역시 자서전에 이렇게 썼다.

"세상에는 끝없이 지식을 갈구하는 인간이 있다. 나도 그런 사람이다. 그다지 순수한 동기는 아니었지만 무지한 인간에 대한 세상의 경멸로부터 나를 보호하고 싶었다. 그래서 조금이라도 여유가 있으면 헌책방을 돌아다녔다."

동기야 어쨌든 그의 독서 범위는 대학을 졸업한 지식인에게도 결코 뒤지지 않았다. 그가 자서전에서 언급한 책과 저자 리스트는 이렇다. 문학은 셰익스피어, 윌리엄 브레이크, 디킨즈, 마크 트웨인, 휘트먼, 라프카디오 한, 제임스 보즈웰, 모파상

등이었으며 셰익스피어 작품은 모두 다 읽었다고 한다. 또 철학은 쇼펜하우어 이외에 플라톤, 칸트, 로크, 에머슨, 니체, 베르그송 등이 있다. 그 외에 프로이트, 플루타르크의 『영웅전』도 있었으며 『천일야화』는 애독서였다.

한편 막대한 자산의 소유자로서 경제학에도 관심이 있었다. 우연히 읽게 된 경제학자의 이론에 공감해서 갖고 있던 주식과 채권을 팔았으며 1929년의 대공황도 피할 수 있었다.

나는 이런 독서 리스트 가운데 쇼펜하우어와 함께 미국 철학자 에머슨의 『자기 신뢰』라는 에세이에 관심이 갔다. 이 책에는 '마음속에 숨겨둔 신념을 말하면 모든 사람에게 통하게 되어 있다'는 말이 나오는데 개인적으로 나는 이 구절을 좋아한다. 채플린도 이 구절에 감동한 모양이다. 이 책을 읽고 나서 자신감을 얻었기 때문이다. 역시 인간에게 자신감은 가장 중요한 조건이다. 이 사실을 에머슨은 그의 에세이를 통해 누구보다 강렬히 느끼게 했다. 누구든지 에머슨의 글을 읽으면 자신감이 생길 것이다.

채플린은 말년에 그의 아들에게 이렇게 말했다.

"고아원에서도 먹을 것을 찾아 떠돌아다닐 때도 나는 세계 일류 배우라고 믿었다. 자신에 대해 흔들리지 않는 신념이 있어야 한다. 그런 신념이 없다면 그것은 실패한 인생이다."

 에머슨의 에세이를 읽고 채플린은 더욱 자신감을 갖게 되었고 그 위에 지식과 교양을 쌓아 한층 더 강한 인간이 되었다.
 그는 관객을 웃기면서도 조금은 무게있는 내용의 영화를 만들기 위해 책을 통해 공부할 필요를 느꼈다. 쇼펜하우어와 니체, 에머슨과 프로이트가 그의 영화에 어떤 영향을 끼쳤는지 구체적으로는 말할 수 없다. 그러나 그가 문학이나 철학에 전혀 관심이 없었다면 그의 영화는 그저 웃고 마는 저급한 코미디에 불과했을 것이다. 채플린과 거의 같은 시대에 활약한 키스톤과 마르크스 형제는 공부를 하지 않았기 때문에 단지 웃기기만 하는 코미디 영화에서 벗어날 수 없었다.

모든 영화를 혼자 힘으로

 채플린은 프로듀서, 배우, 각본가인 동시에 작곡가였다. 이처럼 많은 일을 혼자서 한 영화인은 많지 않다.
 그가 작곡한 『모던 타임즈』와 『라임라이트』의 주제곡은 지금도 인기있는 음악이다. 채플린 팬들은 그 음악만 들어도 그 자리에서 영화 장면을 떠올릴 것이다.

　채플린은 아기 때 음악이 들리면 하던 놀이를 멈추고 박수를 치며 고개를 앞뒤로 흔들었다고 한다. 대부분의 아이들이 이런 반응을 보이므로 이것만으로 음악에 특히 민감했다거나 선천적으로 음악적 재능이 있었다고 속단해서는 안 된다. 나는 음악적 재능은 선천적이 아니라 풍부한 음악적 환경을 통해서 길러지는 후천적인 것이라고 생각한다. 어린 시절 채플린은 항상 가수인 어머니의 노래를 들었기 때문에 좋은 음악적 환경에서 자랐다 할 수 있다. 성장해서는 피아노를 치면서 작곡을 하기도 했다. 16세 때는 순회 공연을 하는 극장의 오케스트라 지휘자에게 첼로와 바이올린을 배워 하루에 몇 시간이나 연습할 정도로 열심이었다. 그는 왼손잡이였기 때문에 현을 반대로 잡고 연주했다.

　피아노와 바이올린을 다루는 영화 배우나 감독은 흔치 않다. 채플린은 악보는 읽지 못했지만 전혀 주눅 들지 않고 영화 음악을 만들었다. 다른 것은 노력하고 공부한 그였지만 왜 악보 읽는 법은 배우지 않았는지 몹시 궁금하다. 그러나 아마 그런 것은 몰라도 작곡할 수 있다는 자신감이 있었기 때문일 것이다.

　그의 머리 속에는 언제나 영화의 장면에 맞춰서 악상이 떠올랐다. 그런데 악보를 읽지 못하기 때문에 쓸 수가 없었다. 그래서 그가 악상을 입으로 부르거나 피아노로 치면 그 옆에 고용된 전문 음악가가 재빨리 악보를 그리고 반주와 편곡을 해서 곡을 완성했다.

그는 영화에 관한 모든 것을 자신의 힘으로 하고 싶어했다. 그것이 영화계에 입문한 이후부터 줄곧 그의 삶의 목표였다.

"나는 모든 방법을 동원해서 영화 사업을 공부하기로 했다. 현상소나 편집실에도 자주 드나들고 자른 필름을 어떻게 붙이는지 주의 깊게 관찰했다."

채플린의 아들이 쓴 『내 아버지 채플린』에는 그의 첫 영화 프로듀서의 말이 소개되어 있다.

"아버지는 촬영소에서 매일 밤늦게까지 일하셨다. 다른 사람의 연기까지 유심히 보셨다. 정말 무서울 만큼 열심히 공부하는 배우였다."

어쩌면 이 공부라는 말에 반감을 느끼는 사람도 있을 것이다. 그러나 이 세상에 태어나 '열심히 공부한 사람' 만큼 어떤 일을 성취하고, 또 스스로 만족할 만큼 성과를 올린 사람은 없다. 적당히 노력해서 성공하는 일은 이 세상에 하나도 없기 때문이다.

아이디어를 발견하는 비결

영화 감독은 관객의 반응에 가장 신경을 쓴다. 채플린은 영화의 목적이 웃기는 것이라고 생각했다. 그는 신작을 내놓을 때마다 과연 관객들이 이번에도 웃어줄지 극장 구석에서 관객들의 반응을 살폈다.

그는 타인의 의견에는 좀처럼 귀를 기울이지 않는 사람이었다. 그러나 다른 한편으로 매우 겸허한 구석도 있었다. 그는 영화 스튜디오의 전문 스텝보다 영화관 관객의 반응을 더 중시했다. 아직 공개하지 않은 영화를 작은 영화관을 빌려 실험적으로 상영하면서 관객의 반응을 살피고 다시 편집을 하기도 했다. 그 가운데에서도 특히 아이들의 반응을 중시했는데 그는 아이들을 기쁘게 하는 일이 세상에서 가장 어려운 일이라고 생각했다. 웃어야 하는 장면에서 아이들이 웃지 않으면 그 부분을 다시 찍을 정도였다. 그만큼 겸허한 마음으로 관객의 반응을 수용하는 영화 감독은 없을 것이다. 그러나 이 역시 매사를 완벽하게 해야 하는 그의 성격과 관계가 있다.

채플린 영화는 다시 찍는 장면이 많기로 유명하다. 『시티라이트』의 첫머리에 부랑자 채플린이 맹인인 꽃 파는 소녀와 만나는 장면이 있다. 이 장면에서는 꽃 파는 소녀가 부랑자를 돈 많은 신사로 착각한다는 내용을 대사 없이 표현해야 했다. 몇 번이나 재촬영해서 결국 꽃 파는 소녀가 자동차에서 내리는 신사와 착각하게끔 부랑자를 만들었다. 불과 몇 분의 장면을 한 달이나 걸려 찍은 것에서도 그의 완벽주의를 엿볼 수 있다.

완벽주의는 세밀한 부분까지 철저하게 집착하는 성격이다. 그는 연기도 자신이 배우들에게 직접 해 보인 다음 그대로 연기하도록 지시했다. 신작 준비에 들어가면 등장 인물의 특징과 주요 장면을 직접 연기하여 비서로 하여금 미리 정해놓은 부호로 자세히 기록하게 했다. 그는 어린이든 노인이든 여성이든 개의치 않고 모든 배역을 연기했다.

마지막 작품인 『홍콩 백작부인』에서는 주연 배우인 소피아 로렌과 말론 브란도 앞에서 직접 연기해 보였다고 한다. 소피아 로렌은 그 일에 '나는 보기 드문 여배우라는 소리를 들어왔어요. 그러나 실제로는 그저 어린 여자에 불과했지요. 지금 나는 진정한 배우가 무엇인지 알 것 같아요' 라고 말했다.

진정한 교사가 인간이 갖고 있는 새로운 능력을 끄집어내는 사람이라면 채플린이 바로 그런 사람이었다. 잘 배워야 잘 가르칠 수 있다는 말이 있다. 그리고 잘 가르치기 위해서는 명확한 이미지와 탁월한 아이디어를 준비해야 한다. 채플린은 영화를 제작할 때 새로운 아이디어 발견에 많은 공을 들였다. 그것을 위해 2년이고 3년이고 시간을 보낸 일도 많았다.

그렇다면 그는 어떻게 아이디어를 만들었을까? 그는 자서전에 이렇게 썼다.

"오랜 경험으로 볼 때 아이디어는 진심으로 찾다 보면 반드시 어디에선가 나타난다. 끊임없이 찾아다니는 동안에 마음은 일종의 망루가 되어 상상력을 자극하는 것을 망본다. 음악 또는 일몰에서도 아이디어는 생겨날 수 있다."

또 채플린은 아이디어를 발견하는 비결도 언급했다.

"당신의 마음을 자극하는 대상을 찾아서 구석구석 파헤친다. 만약 그 이상 찾아낼 것이 없으면 포기하고 다른 대상을 찾아라. 많은 것 중에 하나씩 필요없는 것을 버리다 보면 원하는 것을 금방 찾게 될 것이다. 다음으로 아이디어를 잡는 방법이다. 이를 위해서는 거의 미치기 일보 직전의 인내력이 필요하다. 고통을 견뎌내고 오랜 시간 몰두할 수 있는 능력을 익혀야 한다."

문제는 인내와 집중력이다. 뉴턴도 이와 비슷한 말을 했다. 일생을 독신으로 산 뉴턴과는 달리 채플린은 영화 제작에 들어가면 시간을 잊고 일에 몰두한 나머지 어린 부인들에게 가족을 돌보지 않는다는 불만을 샀다. 그것이 몇 번이나 이혼을 하게 된 결정적인 원인이었음을 밝혀둘 필요가 있다.

웃고 있을 때가 아니다

『심판』이라는 부조리 문학으로 유명한 프란츠 카프카는 채플린 초기 단편 영화를 보고 이런 말을 했다.

"채플린의 눈에는 구제할 길 없는 저속함을 안타까워하는 절망의 불꽃이 이글거린다. 그러나 그는 굴복하지 않는다. 진정한 희극 작가가 그렇듯이 그는 맹수의 어금니를 갖고 있으며 그 어금니로 세상을 위협한다."

채플린의 웃음에는 독이 있다. 그리고 그 독으로 사람들을 일깨우려고 한 것을 카프카는 꿰뚫어 보았다. 전쟁의 어리석음과 병사의 비참한 모습을 그린 『어깨총(1918년)』은 반전 내용 때문에 배급 회사가 재편집을 요구했다. 또 탈옥수가 목사가 되어 일으키는 소동을 그린 『순례자(1923)』는 미국의 여러 주(州)에서 상영 금지 처분을 받았다. 카프카는 1924년에 세상을 떠났기 때문에 채플린의 장편 영화를 볼 기회는 없었다. 만약 사회와 권력에 대한 비판을 강하게 나타낸 『모던 타임즈(1936)』와 『위대한 독재자(1940)』를 봤다면 '맹수의 어금니가 더 예리하게 연마됐음을 알았을 것이다.

채플린이 말한 심오한 내용은 『모던 타임즈』 이후 작품에서 특히 눈에 띈다. 이 작품은 신문 기자에게 들은 이야기가 계기가 되었다. 건강한 젊은 농부들이 도시를 동경하며 자동차의 도시 디트로이트로 몰려드는데 컨베이어 벨트 시스템에서 4, 5년 동안 일하다가 모두 신경 쇠약에 걸려 버린다는 내용이다. 채플린은 자서전에서 이것을 무서운 이야기라고 썼는데 신문 기자가 무심코 한 이야기가 그의 망루에 걸려든 경우다.

그는 이 이야기를 듣고 그저 웃고만 있을 때가 아니라고 느껐다. 그리고 기계 속에서 농락당한 한 남자가 예전으로 되돌아가기 위해 악전고투하는 내용의 작품을 만들어냈다. 이 이야기는 현대 사회에도 해당되는 문명 비판에 관한 영화다. 또 『모던 타임즈』에는 사람들을 웃게 만드는 여러 장치가 있는데 누구라도 그저 웃어넘길 내용은 아니라는 것을 알 수 있다. 그리고 톱니바퀴 같은 세상 속에서 발버둥치는 주인공들이 바로 자신의 모습임을 느낄 것이다.

한편 제2차 대전이 시작되고 히틀러가 이끄는 독일군이 유럽을 짓밟은 사태를 보고 그는 점점 더 심각함을 느꼈다. 채플린은 히틀러의 야망을 꺾기 위해 미국 참전을 호소하면서 동시에 새 영화의 아이디어를 생각해 냈다. 당시 미국에서는 독일군을 관대하게 봐주자는 풍조가 퍼지면서 할리우드에도 히틀러를 비판하는 영화 제작은 피하는 분위기였다. 그런 상황에서 히틀러를 정면으로 비판한 영화 『위대한 독재자』를 만든 것은 상당히 용기있는 행동이었다. 제작 중에 협박장이 날아들기도 하고 주변에서는 영화 제작을 반대하는 목소리도 있었다. 그러나 그는 전혀 개의치 않았다.

그는 히틀러의 뉴스 필름을 보고 히틀러가 아이들과 이야기하거나 갓난아기를 안고 있는 모습, 병원에서 환자들을 만나고 군중 앞에서 연설하는 모습 등 다양한 포즈를 연구했다. 또 히틀러를 두고 '놈은 마치 배우 같다. 그에 비하면 나는 아직도 멀었다'고 할 정도였다. 그렇지만 막상 독일 사람들은 채플린이 너무 히틀러 흉내를 잘 내서 놀랐다. 실제로 얼굴 생김새나 체격도 비슷하고 생일도 겨우 나흘 차이가 날 뿐이다.

채플린이 보낸 메시지

『위대한 독재자』는 두 시간 이상 되는 영화다. 그중에서 독재자로 변신한 유대인 이발사가 병사들 앞에서 연설하는 마지막 6분이 가장 인상적이다. 배우가 카메라 렌즈를 보면서 대사를 하는 것은 영화 제작상 터부시되는 일이다. 그런데 채플린은 이런 터부를 깨고 직접 스크린에서 관객에게 말을 건다. 그리고 더 놀라운 것은 연설을 통해 채플린 본인의 메시지를 그대로 전하는 데 있다. 그 말을 요약하면 다음과 같다.

"우리는 모두 서로 도우며 살아갈 것을 희망합니다. 인간이란 그런 존재입니다. 우리는 타인의 불행이 아니라 타인의 행복을 위해 살아갑니다. 병사 여러분, 여러분은 기계가 아닙니다. 인간입니다. 인간을 사랑하는 마음을 갖고 있는 인간입니다. 미워하지 마십시오. 사랑을 모르는 인간, 사랑받은 적 없는 인간만이 인간을 미워합니다. 예속을 위해 싸워서는 안 됩니다. 자유를 위해 싸우세요. 여러분에게는 인생을 훌륭하게 꾸려 나갈 힘이 있습니다. 그 힘을 동원해서 모두 손을 잡읍시다. 독재자 본인만 자유일 뿐 인민은 노예입니다. 지금이야말로 세계 해방을 위해 싸워야 할 때입니다. 나라 간 장벽을 부수고 탐욕과 증오를 추방하기 위해, 이상 세계를 건설하기 위해, 과학과 진보만이 우리를 행복으로 이끌어줄 그런 세상을 만들기 위해, 자, 모두 싸웁시다. 민주주의의 깃발 아래 모두 손을 잡읍시다."

　나는 이 장면이 영화사에서 가장 감동적인 장면이라고 생각했다. 그러나 채플린 주위 사람들은 이 장면을 넣으면 영화 흥행 수입이 백만 달러는 줄어들 것이라고 했다. 이에 채플린은 '아무리 백만 달러가 줄어든다 해도 나는 한다'고 대답했다.
　『위대한 독재자』의 이 연설 덕분에 채플린 영화가 그저 웃음만 주는 가벼운 코미디가 아니라는 것을 많은 사람들이 알게 되었다. 그는 1941년 루스벨트 대통령 취임 축전에서 이 연설 전문을 낭독했고 이 연설은 미국 전 지역에 라디오로도 방송되었다. 이 연설을 링컨 대통령의 유명한 게티즈버그 연설에 견주고 크리스마스 카드로 인쇄한 사람도 있었다. 영화 속 연설은 많은 사람들에게 강한 인상을 남겼다.

전쟁 후 독일에서 이 영화가 상영되었을 때 비평가들은 조짐이 나쁜 걸작으로 평가했다. 젊은이들은 재미있어했고 나이든 사람은 죄의식으로 눈물을 흘렸다. 전쟁이 끝나고 나서도 채플린의 맹수의 어금니는 쉬지 않았다.

한편 『살인광 시대(1947년)』는 주가 폭락으로 파산한 전 은행원이 돈 많은 미망인들을 살해하고 그 재산을 빼앗아 사형에 처해진다는 내용을 그린 영화다. 사형을 선고받은 주인공이 재판장에게 '이 세상은 대량 살인을 장려하는 것이 아니었습니까? 그 목적을 위해서 파괴 병기를 제조한 것이 아니었나요?'라고 말하는 장면이 있다. 그리고 처형당하기 전에 주인공은 '한 명을 죽이면 악당이고 백만 명을 죽이면 영웅'이라고 한다. 이것은 당시 미국 정부가 추진한 핵폭탄이라는 대량 파괴 병기를 비판하는 채플린의 메시지였다.

바로 그 무렵 미국에서는 마치 중세의 마녀 사냥과 같은 일종의 빨갱이 사냥, 매카시즘이 유행했다. 할리우드도 그 표적이 되어 반체제적 파괴 활동 용의로 영화인 몇 명이 유죄 판결을 받고 투옥되었다. 그리고 채플린도 국가의 안전을 위협하는 위험 인물 리스트에 올랐다.

그러나 그는 사회주의자도 공산주의자도 아니므로 굳이 자신에게 낙인을 찍으려면 무정부주의자나 완고한 로맨티스트로 불러달라고 했다. 국가로부터는 위험한 인물로 낙인 찍힌 데다 매스컴은 여성 스캔들을 둘러싸고 그를 공격했다. 이 때문에 『살인광 시대』는 대부분의 주(州)에서 상영을 금지당했으며 국회에서도 상영 금지 제안이 있었을 정도였다.

이런 상황에서 1952년 채플린이 영국 방문을 위해 뉴욕을 출발한 직후 미국 정부는 재입국 불허를 통지했다. 사실상 미국에서 추방된 것이다. 그 후 채플린 가족은 스위스에 정착했는데 런던에서 촬영한 『뉴욕의 왕(1957)』은 그때의 체험을 그린 작품이다. 이 작품에서 채플린은 이제 더 웃을 일은 없는 것처럼 심각한 내용을 전면에 내세웠다. 또 그는 '애국심이란 광기에 불과하다. 애국심의 유일한 결과는 새로운 전쟁일 뿐이다'라고 1931년 어느 인터뷰에서 말했다. 그로부터 10년도 지나지 않아 그의 말대로 전쟁이 발발했다.

채플린 영화는 웃음의 쾌감을 충분히 전했다. 그러나 그 웃음 속에는 인간과 사회와 세계가 드러내는 어리석음과 부조리가 있다. 또 그것을 사람들에게 꺼내놓는 힘, 세상 사람들이 비평 정신이라 부르는 그런 힘이 채플린의 웃음에 담겨 있다. 그리하여 웃음이 좋은 것이기는 하지만 언제나 웃고만 있을 수 없는 것이 현실임을 알려준다. 채플린 영화는 20세기를 이해하고 그 시대를 비판하는 데 중요한 예술 작품이다.

참고 문헌

채플린 『자서전』, 나카노 요시오 번역, 신조사.
로빈슨 『채플린』, 미야모토 타카하루 외 번역, 문예춘추.
사둘 『채플린』, 스즈키 리키에 외 번역, 이와나미 서점.
채플린 Jr. 『내 아버지 채플린』, 무쿠게 사부로, 고분사.

에도를 돌아다닌 만물상 히라가 겐나이

세상에는 두 종류의 인간이 있다. 하나는 사물에 대한 관심과 하는 일이 어떤 틀 안에 있으며 그 틀 밖의 일에는 별로 관심이 없는 인간이고, 또 하나는 만날 때마다 항상 새로운 일을 시작하는 인간이다. 전자는 수렴 타입, 후자는 분산 타입이라고 이름 붙이기로 하자.

지금까지 이 책에서 살펴본 사람들은 후세에 많은 업적을 남겼고 우리는 그들을 기꺼이 천재라고 부른다. 그렇다면 그들은 어떤 부류에 속할까? 대부분 수렴 타입 인간이라고 할 수 있다. 물론 그중에 만능 천재라고 불린 레오나르도 다빈치 같은 사람도 있기는 하다.

그의 업적을 자세히 살펴보자. 여러 가지 일에 손을 대기는 했지만 회화 분야에서 그의 천재성은 가장 빛을 발한다. 사람의 능력이 한곳에 집중되면 그 능력은 아무도 가지 않은 새로운 세계를 열 수 있는 힘이 된다. 그러나 그 능력이 분산되면 그저 그 세계의 문만 가볍게 두드리는 것으로 끝나고 만다.

괴테의 『파우스트』에는 '행복해지고 싶으면 좁은 세계에서 살라'는 말이 있다. 인류에게 감동을 주고 새로운 세계를 열어 준 인물들은 거의 모두 좁은 세계에서 살았다.

그런데 여기 좁은 세계에서 사는 것을 거부하고 손에 잡히는 대로 다양한 일을 하며 후세에 깊은 인상을 남긴 일본인이 한 명 있다. 바로 에도 시대 중기의 히라가 겐나이(平賀源內 : 1728~1779)라는 인물이다.

그는 반세기에 이르는 일생 동안 끊임없이 신기한 것을 찾아 헤맸다. 그리고 역사가들 사이에서는 에도의 아이디어맨으로 통했다. 그렇게 호기심이 왕성하고 많은 분야를 개척한 인물은 드물다. 그는 '일본 최초'라는 타이틀을 많이 갖고 있다. 예를 들면 일본에서 최초로 서양화를 그린 화가, 모직물을 만든 사람, 마찰 기전기(electriciteit)를 처음으로 일본에 소개한 사람, 골계미를 강조하는 에도 문학의 흐름을 만든 사람, 석면으로 방화천을 제작한 사람 등 이 모든 것이 히라가 겐나이가 최초로 한 일이다.

그 외에도 약용 식물과 동물, 광물을 연구하는 본초학에 몰두하는 한편 광산 사업에 진출해서 광산 컨설턴트로도 활약했다. 또 골계 문학과 조루리(淨瑠璃 : 음악에 맞추어 낭창하는 옛이야기—역주)의 대본을 쓰는가 하면 광고 문구에 그 재능을 아낌없이 발휘하기도 했다. 그리고 생활을 위해서 간행물의 제조와 판매를 하는 등 좀처럼 정리가 안 되는 어수선한 일생을 보냈다.

에도 시대는 쇄국과 신분 제도로 좁은 세계에 사는 것이 장려되던 시대였다. 그러나 겐나이는 그런 시대 흐름을 거스르며 살았다. 그는 수렴하는 힘보다 분산해서 더 넓은 세계에 이르는 힘이 더 가치있다고 믿었다. 그는 일생을 넓고 얇게 살았으며 어떤 일에도 깊이 관여하지 않은 덕에 넓은 세계를 체험하고 즐겼다.

만약 그가 본초학에만 정력을 쏟았다면 식물학 분야에 새로운 장을 열었을지도 모른다. 그러나 그는 그 분야에 들어가려고 살짝 노크해서 아주 조금 열어보기만 했을 뿐이었다. 또 다른 분야도 마찬가지였다. 언제나 수많은 문을 노크하고 열어서 미지의 세계를 엿보기만 했다. 그런 식으로 넓은 세계를 돌아다니는 것이 그가 살아가는 방식이었다. 에도를 돌아다닌 '만물상 겐나이'는 바로 그런 인물이었다.

임기응변

　겐나이의 언행을 둘러싼 다양한 에피소드가 있다. 그 이야기들을 보면 겐나이라는 인물이 얼마나 임기응변에 능하며 두뇌 회전이 빨랐는지 알 수 있다. 이 점은 그를 잘 아는 같은 시대 사람들도 느꼈으며, 그와 친한 스기다 겐바쿠(杉田玄白)의 『난학사시(蘭學事始)』에는 이런 이야기가 전해진다.

　에도(지금의 도쿄—역주)에서 겐나이는 스기다 겐바쿠를 비롯한 몇 명의 동료와 네덜란드 무역소장을 만난 적이 있다. 이때 소장은 '지혜의 반지'라는 네덜란드 산 물건을 보여주었다. 이 반지는 한 번 끼면 좀처럼 빠지지 않는 반지로 모두 한 번씩 이 반지를 껴보았고 나중에 반지를 빼려고 했지만 빠지지 않았다. 그런데 겐나이는 잠시 생각한 뒤 보기 좋게 그 반지를 빼서 모두를 놀라게 했다. 정확히 어떤 반지인지는 알려져 있지 않지만 나도 어렸을 때 그 비슷한 반지를 갖고 논 적이 있다. 아무리 똑똑한 어른이라도 처음 보는 사람은 좀처럼 빼기 힘든 물건이지만 알고 나면 눈속임에 불과한 간단한 장치에 지나지 않는다. 겐나이의 재치와 두뇌 회전 속도에 모두 놀란 것도 무리는 아니다.

또 이런 일화도 있다. 어느 날 겐나이는 '왜 익사한 여자를 도자에몬(土左衛門)이라고 부릅니까?' 라는 질문을 받았다. 익사한 사람에게 도자에몬(土左衛門)이라는 남자 이름을 붙인 것은 에도 시대의 쿄호(享保 : 1716~1736 에도 시대의 연호—역주) 이후 일이다. 그것은 당시 나루세가와 도자에몬(成瀨川土左衛門 : 에도 시대의 스모 선수—역주)이 익사해서 물에 불은 시체처럼 뚱뚱하게 살찐 것에서 유래된 말이다. 말하자면 억지 문답식 말장난을 당한 셈이다.

예를 들어 대정 시대(1912~1926)에 도쿄 역 앞에 마루(丸) 빌딩(관동 대지진 직전인 1923년에 근대 도시 동경의 상징으로 세워진 오피스 빌딩의 이름—역주)과 해상 빌딩이 세워졌을 때, '사각형인데 왜 마루(丸) 빌딩이라고 할까?', '육지에 있는데 왜 해상 빌딩이라고 할까?' 와 비슷한 경우다.

한편 이 질문에 겐나이는 이렇게 답했다.

'여자들 가운데도 호색가는 있기 마련이지요.'

겐나이의 항복을 바라고 어려운 문제를 낸 출제자는 그의 기지와 명쾌한 대답에 놀라움을 금치 못했다.

　기지를 발휘하여 타인을 감탄하게 하는 것은 확실히 부러운 능력이다. 그러나 무슨 일이든 장점은 단점이 되기 마련으로 지나치게 임기응변에만 뛰어나면 지구력과 집중력이 떨어진다는 말도 있다. 그 당시 사람들도 현란하게 펼쳐지는 겐나이의 만물상과 같은 행동을 조마조마한 마음으로 바라보았을 것이다.

　겐나이는 이미 어린 시절부터 다방면에 걸쳐 관심과 재능을 보였다. 그 영재성은 일찍부터 사람들의 주목을 받았으며 12세 때는 '술 취한 학문신'이라는 재미있는 장치를 고안했다. 학문신이 그려진 족자 앞에 술병을 놔두고, 족자 뒤에 실을 매달아 잡아당기면 빨간 종이가 학문신의 얼굴 뒷부분으로 내려와서 얼굴이 빨갛게 보이는 것이다. 어린 소년이 어디서 힌트를 얻어 그런 것을 만들었을지 궁금하다. 학문신을 술에 취한 얼굴로 만든 것에 어린이답지 않은 기지가 엿보였기 때문이다. 학문신의 그림 역시 그가 그렸다고 하는데 화가가 될 만한 뛰어난 소질은 없었지만 나름대로 솜씨는 좋았던 모양이다.

　이 어린 발명가가 어떤 교육을 받고 어떤 공부를 했는지에 몇 가지 이야기가 전해진다. 13세 무렵 고향인 다카마츠(高松)의 어느 의사에게 본초학을 배우고 유학자에게 유학을 배웠으며 『태평기』 같은 군사 소설을 즐겨 읽었다고 한다.

에도 시대에 유학은 일반인에게는 교양이었고 학문을 하는 사람에게는 필수 과목과 같았다. 한편 본초학은 전공 과목에 해당되며 특별한 재능과 흥미가 있는 사람만 배웠다. 겐나이는 어렸을 때부터 그 방면에 남다른 관심이 있었다. 그 밖에도 일찍부터 하이카이(俳諧 : 무로마치 시대 말기에 시작된 익살스러운 형식의 연가—역주)를 짓기도 했다.

예나 지금이나 다재다능한 사람은 많다. 그러나 그 재능과 호기심을 더욱 발전시키기 위해서는 내적, 외적으로 자극이 필요하다. 겐나이에게 나가사키(長崎)에서의 유학 생활은 그런 의미에서 큰 자극이 되었다.

공부의 장점과 단점

겐나이는 25세에 나가사키(長崎)에 왔다. 그는 그전부터 이미 영주에게 재능을 주목받고 있었다. 당시에는 개인의 의지와 계획으로 머나먼 나가사키까지 가서 공부하는 것은 상상할 수 없는 일이었다. 겐나이 역시 영주의 명령으로 나가사키로 가게 된 것이다.

기록에 의하면 겐나이는 뭐든지 배우기 좋아하는 다카마츠 영주 마츠다이 요리타카(松平賴恭)의 조수로 일하면서 본초학을 연구했다고 한다. 그리고 마츠다이의 명을 받고 나가사키로 가서 네덜란드 문물을 배웠다. 요즘으로 말하면 엘리트 사원이 사장의 지시를 받고 외국의 저명한 비즈니스 스쿨로 유학이나 연수를 가는 것과 같다.

나가사키는 당시 쇄국 정책을 실시하던 일본에서 유일하게 해외 문화를 접할 수 있는 곳이었다. 막부 시대 말기까지 호기심과 향학열에 불타는 사람들이라면 한 번은 가고자 했던 서양 문화의 수신지였다. 그리고 유일하게 나가사키에 체재할 수 있었던 네덜란드인들을 통해서 서양 문물을 접할 수 있었다. 당시 네덜란드는 전 세계에 그 영역을 확대하던 선진국이었고 나가사키에 오면 그렇게 세계 최신 뉴스를 들을 수 있었다.

겐나이가 나가사키에서 1년 동안 체재하면서 어떤 것을 배우고 무엇을 체험했는지는 기록에 남아 있지 않다. 그러나 네덜란드 어로 된 식물학과 동물학 책과 후에 겐나이가 복원한 온도계를 시작으로 망원경과 현미경, 지구의, 그리고 중국과 네덜란드에서 수입한 진품들을 직접 보았다. 앞서 말한 지혜의 반지도 이때 이미 본 것인지도 모르겠다. 나가사키 유학에서 돌아온 이듬해에 그는 영주에게 사직서를 내고 장남 자리도 동서에게 양보했다.

그의 집안은 창고지기 일을 세습하는 하급 무사로 최하위 계급 신분이었다. 그런데 새로운 세계의 공기를 마신 겐나이는 창고지기를 하며 일생을 보낼 수는 없었다. 신분 세습의 부담에서 벗어난 겐나이는 본초학 연구원 자격으로 주군을 모시는데 나중에는 이 일마저 그만둔다.

앞서 쓴 것처럼 겐나이가 산 시대는 사람들을 좁은 세계 안에 가두려고 했다. 이런 시대에 서양의 학문과 지식은 자신이 얼마나 좁은 세계에 살고 있는지를 깨닫게 했다. 또 넓은 세계를 향한 동경심을 부추기는 자극제가 되기도 했다. 당시의 신분 제도는 직업 세습을 규정함으로써 사람들에게 배우는 것을 장려하지 않았다. 설사 장려했다고 해도 제한된 범위 안에서만 가능했다.

이런 사회적 분위기에서는 교육과 학습에 위험이 따르게 마련이다. 지나치게 공부를 많이 해서 넓은 세계의 존재를 알아 버린 사람들은 좁은 세계를 빠져나가려고 했고 신분 제도를 비롯한 사회 질서를 무시하려고 했다.

나가사키에서 돌아온 겐나이가 바로 그랬다. 나가사키 유학에서 충격을 받은 겐나이는 영주에게 사직서를 내고 가업을 포기한 후 에도로 떠난다. 이것은 단순히 유람의 차원이 아니라 에도라는 넓은 세계에서 더 많은 것을 배우고 체험하고 싶

에도를 돌아다닌 만물상 히라가 겐나이

은 욕구의 표현이었다. 다시 요즘 상황으로 비유하면 해외의 비즈니스 스쿨을 마친 엘리트 사원이 회사 밖에 더 근사한 신세계가 있다는 것을 깨달아 회사를 그만두고 연구를 계속하거나 독립해서 컨설팅 회사를 차리는 것과 같다.

겐나이는 에도로 떠날 무렵 이런 시를 남겼다.

우물 안을 떠나는 개구리 같구나

회사를 그만두고 나가는 사원의 다소 복잡한 심경을 그렸다고 할 수 있다.

환상의 라이프워크

히라가 겐나이의 일생은 호기심과 재능과 야심으로 예상 밖의 이야기가 전개되는 점에서 매우 흥미롭다. 29세에 에도로 떠날 때 그의 일생은 한 방향으로 정해져 있었다. 10대 초반부터 심취한 본초학을 계속 연구할 마음으로 에도에 도착하자마자 당시의 고명한 본초학자인 타무라 겐유(田村元雄)의 제자로 입문했다.

타무라 겐유는 약용으로 사용되던 귀한 조선 인삼을 연구한 학자로 '인삼 박사'로 불렸다. 당시 약용 인삼은 중국에서 수입되었으며 상당히 비쌌다. 그래서 본초학자들은 이 인삼을 일본에서 생산할 수는 없는지 연구에 연구를 거듭했고 결국 타무라 겐유가 성공을 거두었다.

그 후 막부는 에도의 간다(神田)에 인삼 협회를 설치하고 약용 인삼을 전매했으며 타무라 겐유는 약용 인삼 재배 책임자가 되었다. 또, 상인의 집에서 태어난 서양학자 아오키 콘요(青木昆陽)가 구황 작물인 고구마 재배를 건의해서 막부에 등용된 예가 있다. 이처럼 학자들은 대부분 출세의 길이 열려 있었다. 그것을 겐나이도 충분히 알고 있었으며 학자로서 성공하고자 하는 그의 속마음에는 출세 욕구도 있었다.

겐나이는 타무라 겐유 밑에서 본초학을 연구하며 막부의 하야시가(林家)에 입문하여 유학(儒學)도 배웠다. 또 명물학(동식물의 이름을 연구하는 학문)을 배우기 위해 국학자인 카모 마부치(賀茂眞淵)를 사사하는 등 왕성한 의욕을 보였다. 훗날 광부로 불리기도 한 희극 작가도 처음에는 이렇게 근면한 학생이었다.

본초학자로서 겐나이는 다양한 약용 식물과 동물, 광물을 수집하여 명칭과 형상, 효능 등을 연구하는 전시회를 개최했다. 그리고 『물류품평(物類品隲)』이라는 본초서 집필과 본초학 연구에 길이 남을 몇 가지 발견을 하는 등의 성과를 올렸다.

에도를 돌아다닌 만물상 히라가 겐나이

이미 오사카와 교토에서는 전시회가 열렸기 때문에 에도로 온 이듬해 겐나이의 제안으로 에도에서도 전시회를 열게 되었다. 그리고 그 후 매년 전시회를 개최했는데 겐나이가 35세에 개최된 동도 약품회가 가장 큰 규모의 전시회였다. 전국 30여 개 지방에서 1,300종에 달하는 물품이 전시되어 본초학자와 수집가에게 좋은 기회를 제공했다. 이름은 알지만 실물은 본 적이 없는 귀한 물건까지 볼 수 있었기 때문이다. 말하자면 박람회 형식이었는데 단 하루였고 출품자도 한정되었으므로 전문가만을 위한 전시가 목적이었다.

이 '동도 약품회' 때 겐나이가 쓴 안내장이 남아 있다. 흥미로운 것은 전국에서 온 물품을 에도에 모으기 위해 지금으로 말하면 택배 네트워크 같은 것이 만들어진 점이다. 우선 물품은 관동 서쪽에서 나가사키에 이르는 전국 24개소 물류 창고에 모으고 다시 에도와 교토, 오사카에 설치된 인도장에 모았다. 그리고 마지막으로 겐나이에게 도착했으며 반품도 같은 루트를 통해 이루어졌다. 물류 창고와 인도장에는 각각 책임자가 있었고 대부분은 본초학과 관계있는 지방의 호사가들이었다. 사람들이 겐나이의 계획에 협조적이었던 것은 타무라 겐유의 영향도 있었지만 전국에 광범위한 인맥을 확보하고 있던 겐나이의 공도 컸다. 또 그만큼 겐나이의 이름이 전국에 널리 알려져 있었다는 것을 의미하기도 한다.

『물류 품평』은 이렇게 전국에서 모인 1,300종에 달하는 물품 가운데 360종을 택해 그 성질과 효능 및 이용법을 기록한 책이다. 본초서로 그다지 가치있는 책은 아니지만 약용 인삼과 설탕 원료 재배법은 주목할 만하다. 당시 일본은 인삼과 설탕을 국내에서 생산하는 것이 급선무였다. 에도에 온 지 얼마 지나지 않아 본초학 권위자로 이름을 알린 겐나이는 원대한 계획을 세웠다. 그것은 『일본곡보』, 『일본초보』, 『일본목보』, 『일본어보』 등의 출판이었다. 그 책들을 통해서 일본에 있는 동물, 식물, 광물을 집대성한 일본 박물학 대계와 같은 도감을 만들 생각이었다.

그 이전까지 이렇게 대규모의 책을 완성한 사람은 없었다. 겐나이가 이 일을 이룬다면 일본 최초가 될지도 모를 일이었다. 그러나 이 장대한 계획은 한 권도 출판되지 않았다. 그는 에도를 돌아다니느라 너무 바빴기 때문이다.

내 멋대로 살고 싶다

인간은 여러 가지 제약 속에서 살아간다. 에도 시대 무사와 현대의 샐러리맨 가운데 과연 누가 더 자유로웠을까? 누군가를 떠받들며 살아가는 점에서는 크게 다를 바가 없지만 그 일이 번거롭다는 이유로 조직을 벗어나는 것은 예나 지금이나 상당한 용기와 각오가 필요하다.

　에도로 온 겐나이는 여전히 다카마츠 영주에게 충성해야 하는 몸이었고 본초학 연구나 전시회 준비로 쫓기면서도 영주의 명령으로 약초를 채집하거나 귀한 조개를 찾아다녀야 했다. 한편 영주는 유능한 사원을 일시적으로 에도에 파견해 필요할 때는 회사 일도 시키고 미래에는 본초학 전문가로 승진시킬 계획을 세웠던 모양이다. 그러나 유능한 사원일수록 사장의 예상을 뛰어넘기 마련이다. 겐나이는 에도에 온 지 5년째 되던 해 영주에게 사직서를 제출했다. 겐나이가 자필로 쓴 사직서, 정식으로는 '연사배사원(椽仕拝辭願)'이 현재도 남아 있는데 사직 이유가 재미있다.

　"황송하오나 사직하겠습니다. 제 마음대로 일하고 싶습니다. 영주님, 제 부탁을 들어주십시오."

　꽤 자신감 넘치고 대담한 사직 이유다. 자신의 의지대로 일하는 것이 쉬운 일은 아니다. 그런데 영주는 그의 사직서를 인정했고 겐나이는 떳떳이 실업자가 되었다.

  그러나 겐나이를 연구하는 학자들 사이에서 영주가 과연 무조건적으로 사직을 인정했느냐는 것이 논쟁의 쟁점이 되었다. 현재 사직 허가서 원본은 없어지고 단서 조항 두 개가 적힌 사본만 남아 있다. 그 단서의 하나는 다른 지방 영주 밑에서 일하는 것을 금지하는 것이고 다른 하나는 다른 지방에 취직해도 개의치 않는다는 내용이다. 과연 어느 쪽이 진실인지 분명하지 않지만 나는 후자를 택하고 싶다. 그 이후 겐나이가 다시 취직했을 때는 이미 자유의 몸이었기 때문이다.

  그리고 겐나이의 서신에는 사직이 인정된 이듬해 카와고에(川越) 지방에서 관직 이야기가 있었다고 기록되어 있다. 또 그 후에도 몇 번이나 비슷한 이야기가 있었다. 겐나이는 자신이 삭탈관직의 몸이라고는 말하지 않았으며 주위 사람들도 자유의 몸이라고 생각해 일자리를 주선하기도 했다. 또 다른 서간에서 그는 많은 사람이 일자리를 주선했지만 가난한 영주 밑에서는 일하기 싫다고 했다. 이를 겐나이 특유의 허세라고 해석하는 연구자도 있지만 사실 이것이 그의 본심은 아니었을까? 결국 겐나이는 어디에도 취직하지 않았고 그럼에도 언제나 자신만만한 모습이었다.

  한편 그는 자신을 하루에 천 리를 달리는 명마(名馬)에 비유해 명마를 발견해 줄 백약(伯藥)이 없음을 한탄하기도 했다. 백약(伯藥)은 중국 고사에 나오는 말을 감정하는 명인으로 겐나이는 자신의 재능과 지식을 충분히 발휘하도록 도와줄 주군을 찾고 있었다. 그는 지방의 가난한 영주가 아니라 중앙 정부의 최고 실력자 타누마 오키츠구(田沼意次) 같은 사람을 만나고 싶어했다.

국익 사상

타누마 오키츠구는 18세기 후반, 1760년부터 27년 동안 정부의 최고 실력자였다. 그때는 마침 겐나이가 에도를 돌아다니던 시절이었다. 그리고 나라에서 국내 산업 진흥을 장려하던 시대로 에도 간다에 인삼 협회가 생겨 인삼 매매를 막부가 전매했다. 고가의 수입품이던 인삼을 국내에서 생산하게 되어 산업 진흥의 중요한 분야가 되었었다.

겐나이는 에도에서 몇 차례 전시회를 열었을 때 타누마를 만났다. 식산(殖産) 흥업 정책을 추진하던 막부는 일본 각지에서 진귀한 물품이 모여드는 전시회에 주목했다. 겐나이와 타누마를 중개한 사람은 이미 막부의 부름을 받은 아오키 콘요였다. 처음부터 타누마는 겐나이의 재능을 높이 평가했다.

타누마는 처음 만난 겐나이에게 과자 상자에 금화 백 냥을 숨겨서 건넸다. 당시에 금화 백 냥은 큰돈이었다. 그런데 그는 왜 그런 행동을 했을까? 오히려 겐나이가 타누마에게 잘 보이기 위해서 돈을 바치는 것이 자연스럽다. 순전히 내 상상이기는 하지만 겐나이는 타누마를 만날 수 있다는 이야기를 듣고 고가의 귀한 물건을 선물하고 그 보답으로 금화 백 냥을 받은 것이 아닐까?

훗날 겐나이는 자신이 개발한 광산에서 나온 철로 칼을 만들어서 타누마에게 바치기도 했다. 귀한 물건을 선물해서 상대를 놀라게 하는 것은 겐나이가 종종 사용한 수법이었다. 그는 광산 재개발 일로 아키타(秋田)에 갈 때 망원경과 현미경을 갖고 갔는데 처음으로 서양 물건을 본 사람들은 겐나이를 모르는 것 없는 박식한 사람이라고 여겼다.

실업자가 된 겐나이가 가난한 영주는 싫다고 말할 수 있었던 것은 막부와의 관계에 기대를 걸었기 때문이다. 최고 권력자인 타누마의 눈에 띈 사실이 겐나이에게는 최고의 자랑거리였고 이 무렵부터 그의 새로운 인생이 시작되었다. 영주를 떠난 지 3개월 후 막부는 겐나이에게 이즈망초(伊豆芒硝)를 명령했다. 망초는 화학에서 유산나트륨과 천연 망초석을 채취할 수 있다. 한방에서는 설사약이나 이뇨제로 이용되며 당시에는 전량 중국에서 수입했다. 겐나이는 이것을 이즈의 산중에서 발견하여 막부에 진상했고 처음으로 국산 망초 제조에 성공했다. 뿐만 아니라 많은 광석을 발견하는 등 본초학자로서 공적을 쌓았다.

조선 인삼과 설탕, 망초 등 그때까지 중국에서 수입하던 것을 국내에서 생산하는 것이 당시 본초학자에게 가장 중요한 테마였다. 겐나이도 그런 연구를 하면서 점차 국익 사상에 눈뜨게 되었다.

당시 일본은 쇄국 정책을 실시했지만 네덜란드나 중국과는 무역을 했다. 무역 수지는 수입 초과였고 그 지불을 위해서 다량의 은과 동이 해외로 유출되었다. 그래서 수입품을 가능한 국내에서 생산하여 은과 동의 유출을 막고자 한 것이 국익 사상이었다.

겐나이는 『방비론(放屁論)』이라는 희극 후기에 '나는 오직 일본의 이익이 될 것만 생각한다'고 기록했다. 자신은 재미있고 우스꽝스러운 문장을 쓰는 사람이 아니라 나라를 위해 여러 가지 노력을 하는 것이 본업이라는 자기 변호이기도 하다. 과연 그가 얼마나 진지하게 국익을 생각했을까? 그의 말을 액면 그대로 받아들이기는 힘들지만 적어도 희극 작가를 자신의 본업으로 생각하지 않은 것은 확실하다.

만물상 겐나이의 활동은 어딘가 지리멸렬해 보이지만 국익을 위해 애쓴 의도를 대입시키면 어느 정도 수긍이 간다.

다음 세대까지의 공적

겐나이가 '국익을 위해 애쓴 것' 가운데 하나가 모직물 생산 시도였다.

일본에 처음으로 유럽 산 모직물이 들어온 것은 16세기 중반이었다. 포르투갈 어로 모직물을 라사(羅紗)라는 이름으로 불렀으며 상당히 고가의 수입품이었다. 오다 노부나가(織田信長)와 토요토미 히데요시(豊臣秀吉)는 최상급의 라사를 갑옷과 투구 위에 입는 옷으로 애용했다. 에도 시대에 모직물은 부자가 아니면 살 수 없는 사치품이었다.

겐나이는 처음 나가사키 유학 때 면양 네 마리를 고향으로 끌고 와서 길렀다. 에도에 올 때는 친척과 지인에게 맡기면서 짚을 너무 많이 먹이면 죽을 수도 있으니 주의해 달라는 편지까지 보냈다. 에도에 있으면서도 언제나 모직물 제작에 신경을 썼다.

몇 번의 실패 끝에 겨우 라사 짜는 일에 성공한 그는 쿠니토 모직(織)이라고 불렀다. 물론 일본 최초의 쾌거이며 본인도 이 일을 꽤 자만했는데 어떤 이유에서인지 주변 사람들은 반신반의했다. 그럼에도 겐나이는 더 많은 면양을 사육해서 대대적으로 라사를 생산하기로 하고 고향 사람들에게 이야기했지만 모두 출자를 꺼렸다. 그래서 막부의 주요 인물에게 면양 대량 사육을 건의했는데 거절당했고 몇몇 다른 지방에도 부탁했지만 역시 거절당했다. 그가 만든 라사의 질이 그다지 좋지 않았거나 겐나이가 신용을 잃었기 때문인지도 모른다. 그렇지 않으면 일본에서는 라사를 만드는 일 자체가 불가능하다는 고정관념 때문이었을 것이다.

겐나이가 죽고 약 20년 후에 막부는 라사의 국내 생산을 계획했지만 실현하지 못하고 메이지 초기까지 수입에 의존했다. 메이지 초기 모직물 수입액은 일본 수입 총액의 20퍼센트나 차지하고 있었다. 따라서 정부는 마침내 모직물 국내 생산에 착수했다. 겐나이의 시도는 100년이나 빠른 것이었다. 만약 겐나이의 제안이 받아들여졌다면 그 100년 동안 일본의 경제나 일본인의 복장은 다소 변했을지도 모른다.

한편 모직물과 마찬가지로 '국익을 위해' 도기(陶器) 제조를 건의했지만 실패했다. 겐나이는 20대 무렵 고향의 도기 회사에서 기술을 배운 적이 있다. 그로부터 약 15년 후 두 번째로 나가사키에 유학 갔을 때 아마쿠사(天草)에 양질의 흙이 있다는 이야기를 들었다. 그래서 그는 이 흙을 나가사키로 운반해 도자기를 만들어 수출하면 외화 획득에 크게 도움이 될 것이라고 생각했다.

겐나이는 아마쿠사에서 나가사키로 흙을 운반하는 루트와 도공을 수배하는 일 등을 기록한 『도공고안서(陶器工夫書)』를 나가사키 지방관에게 제출했다. 그 제안서는 나가사키에서 도기를 구워 중국이나 네덜란드로 수출해 외화를 벌어들인다는 내용이었다. 그리고 그 계획이 실현되면 다음 세대까지 자신의 공적이 남을 것이라는 계산도 있었다. 그러나 이 제안 역시 받아들여지지 않았다. 그래서 그는 고향에서 '겐나이야끼'라는 도자기 제조업을 시작했다. 그가 아이디어를 내고 도공이 만든 세계 지도가 그려진 접시는 지금도 남아 있다.

모직물과 도자기라는 전혀 다른 분야의 일을 한 사람이 한다는 것은 당시 사람들에게는 좀처럼 이해하기 힘든 일이었다. 신분과 직업이 고정되어 있던 에도 시대 사람들에게는 한층 더 그렇게 느껴졌을 것이다. 그러나 겐나이 본인은 스스로 직종과 분야를 초월하고 있다고 생각하지 않았다.

'나는 이런 일은 못한다'는 생각은 인간의 능력을 퇴보시키고 인생을 시시하게 느끼게 한다. 겐나이는 어떤 일이든 마음만 먹으면 배울 수 있다고 생각했다. 필요성과 의욕만 있으면 어떤 일이라도 그에 상응하는 지식과 기술을 익힐 수 있다는 자신감이 있었다. 생각해 보면 처음부터 전문가인 사람은 없다. 모든 전문가나 명장들도 무(無)에서 출발했으며 노력하면 누구에게든 명인이 되는 길은 열리기 마련이다.

귀동냥한 지식을 활용하는 재능

무슨 일이든 할 수 있다고 호언장담하던 겐나이도 네덜란드 어만큼은 마음먹은 대로 되지 않았다. 사실은 끈기와 시간이 없었기 때문인데 네덜란드 어로 된 귀한 식물학과 동물학 책을 손에 넣기는 했어도 읽을 수가 없었다.
　스기타 겐바쿠의 『난학사시』에는 네덜란드 어로 된 의학서를 일본어로 번역하는 모습이 기록되어 있다. 겐나이는 스기타를 비롯한 번역 그룹과 친하게 지냈지만 직접 번역에 참가한 적은 없었다. 당시에는 만족할 만한 좋은 사전도 없었고 단어 하나를 다 같이 하루 종일 생각해도 정확히 파악할 수 없는 참담함을 겐나이도 익히 알고 있었다. 그는 섣불리 네덜란드 어를 배우려고 했다가는 다른 일은 하나도 못할 것이라 생각했을 것이다.

그러나 서양의 새로운 지식, 특히 본초학의 최신 지식을 익히기 위해 네덜란드 어는 필수였다. 그의 네덜란드 어 실력은 발음도 제대로 안 되는 정도였으며 문장은 거의 못 읽었다. 그런데 주위 사람들은 겐나이가 네덜란드 어를 잘한다고 생각한 모양이다. 그가 막부에서 네덜란드 어 번역 명령을 받고 나가사키로 두 번째 유학을 갔기 때문이다. 네덜란드 어로 된 식물학 책을 번역하는 일이 그 목적이었는데 그 일에는 손도 대지 못한 채 아마쿠사에서 도자기에 쓸 흙만 찾아 다녔다.

그가 네덜란드 어를 '알고 있는' 척할 수 없었던 것은 에도에 온 네덜란드인과 통역으로 대화했기 때문이다. 겐나이의 네덜란드에 대한 지식은 말하자면 귀동냥에 불과했다. 이렇게 책은 읽지 않고 귀동냥만으로 훌륭한 아이디어를 내놓는 사람도 있다. 또 귀동냥도 궁리와 노력 여하에 따라 결실을 맺기도 한다. 이처럼 그는 귀동냥을 활용하는 특별한 재능도 있었다.

어느 날 겐나이는 네덜란드제 온도계를 처음 보고 매우 흥미를 느꼈다. 그리고 3년 만에 온도계 제작에 성공했다. 당시 네덜란드제 온도계는 대단히 비쌌기 때문에 그는 국익을 위해 어떻게든 국산 제품을 만들고 싶어했고, 그래서 네덜란드인에게 들은 간단한 설명만으로 온도계를 제작하는 위업을 달성했다.

한편 겐나이는 누구나 알고 있듯 마찰 기전기의 복원이라는 위업을 이룩했다. 두 번째 나가사키 유학 당시 부서진 마찰 기전기를 얻어서 7년 동안의 연구 끝에 복원에 성공했다. 여기서도 귀동냥을 활용한 그의 재능이 돋보인다.

마찰 기전기란 유리와 주석을 종이처럼 편 것을 문질러 비벼서 전기를 발생시키는 장치다. 물론 당시 일본에서는 전기가 발생하는 원리를 아는 사람이 없었다. 겐나이도 상자 모양의 부서진 장치를 원래대로 수리하면 상자 위에 돌출한 구리선에서 불꽃 같은 것이 나온다는 말을 들었을 뿐이었다. 이 전기 발생기 마찰 기전기는 1740년 유럽에서 발명되었고 1752년 미국의 프랭클린은 벼락이 전기인 것을 증명해 보였다. 즉, 서양에서 전기는 이제 막 탄생한 최신 과학이었다. 그러나 겐나이는 그로부터 30년 후 나가사키에서 마찰 기전기를 입수했다.

네덜란드인에게 마찰 기전기의 원리와 구조를 물어도 적당한 대답을 듣지 못했다. 겐나이에게는 암중모색이라는 말 그대로 마찰 기전기가 벼락과 관계가 있다는 것 정도의 귀동냥만 있을 뿐이었다. 따라서 온갖 상상력을 동원해 그것을 만들기 시작했다. 덧붙여 말하면 마찰 기전기의 원리는 겐나이가 세상을 떠난 지 30년 후에야 처음으로 밝혀졌다. 네덜란드학 학자인 하시모토 소키치(橋本宗吉)가 『구리학(究理學)』에 그 구조와 제조법을 자세히 기록했다. 따라서 마찰 기전기를 복원한 겐나이와 하시모토는 일본 전기학의 원조라 할 수 있다.

겐나이는 마찰 기전기 원리를 중국에서 예부터 전해오는 음양 이론과 불교의 설교를 동원해서 설명하려 했다. 그러나 일단 복원에 성공하자 그 원리를 구명하는 것보다 이용 방법이 더 궁금했다. 그래서 그는 마찰 기전기를 '사람 몸에서 전기를 끌어내고 병을 치료하는' 의료 기구라고 선전하여 돈을 모았다. 그는 방전하는 불꽃을 견본으로 보이면서 지방 영주와 막부 인사들을 불러서 기생을 옆에 앉히고 파티를 열었다. 아마도 이때 그는 과학의 원리보다도 응용에 더 관심이 있었던 모양이다.

어쨌든 전기의 원리도 모르면서 마찰 기전기를 복원한 것 자체는 대단한 일이다. 소년 시절 술 취한 학문신을 만든 일, 지혜의 반지를 쉽게 빼서 사람들을 놀라게 한 일도 그렇다. 그의 독특한 재능과 '네덜란드인도 만드는데 우리라고 못할 것도 없다'는 의지가 성공의 원동력이었다.

여기서 나는 '귀동냥' 정도의 불충분한 지식으로 어떻게 성공할 수 있었는지 말하고 싶다. 일반적으로 필요한 지식이 충분히 준비된 상태에서 일을 하는 경우는 극히 드물다. 새로운 일을 할 때는 반드시 미지의 영역이 동반되기 마련이다. 겐나이가 어떤 시행착오 끝에 온도계와 마찰 기전기 제조에 성공했는지는 알 수 없지만 적어도 이렇게 말할 수는 있다.

에도를 돌아다닌 만물상 히라가 겐나이

불충분한 지식만으로는 무엇이, 얼마만큼 가능한지 아무도 모른다. 그렇기 때문에 인간의 능력은 끊임없이 시험에 빠지며 그렇게 해야만 공부할 기회가 온다. 겐나이는 말할 필요도 없이 많은 공부를 했다.

광부

만물상 겐나이는 한 분야만 집중해서 파고들기보다는 다양한 분야에 도전했는데 치치후(秩父)의 광산업에는 드물게 오랫동안 관심을 보였다.

그가 왜 광산업을 시작하려고 했는지 몇 가지 이유를 생각할 수 있다. 우선 첫째는 당시 막부는 새 화폐 주조를 위해 각 지방의 광산을 개발하고 있었다. 겐나이는 나라를 위한다는 생각도 있었지만 광산으로 돈을 벌어볼 요량으로 막부 정책에 편승한 것은 아닐까 추측할 수 있다. 새로운 시대 흐름에 재빨리 대응하는 것도 그의 위대한 재능 가운데 하나였다.

그때 그는 치치후에서 석면을 발견하고 '화완포(火浣布)'라는 천을 만들었다. 이것도 일본 최초의 기록이며 석면으로 짠 헝겊은 불에 타지 않고 묵(墨)이 묻어도 불 속에 던지면 묵만 타고 처음의 깨끗한 천으로 돌아온다. 이는 불로 씻는 천이라는 의미에서 화완포(火浣布)라 불렸다.

예로부터 귀한 물건으로 타케토리 모노가타리(竹取物語)에도 등장하는 불에 넣어도 타지 않는다는 '불쥐 가죽옷' 같은 것이다. 겐나이는 이 천이야말로 향을 피우기 위한 받침대로 최상이라 생각하고 선전용 팸플릿까지 만들었다. 주위 사람들도 좋게 평가했지만 사는 사람은 거의 없었다. 그러나 그 석면을 찾아 산을 돌아다니다가 치치후를 유망한 광산으로 주목하게 되었다.

광석을 연구하는 것도 본초학자의 일이므로 겐나이가 광석과 광산에 관심을 보인 것은 당연한 일이다. 그러나 광산 개발을 사업으로 시작하면 그것은 이미 본초학의 범위를 벗어난 기업가의 일이 된다. 그리고 많은 비용도 필요할 것이다. 그는 39세 때 모아둔 재산과 타누마 오키츠구의 중개로 막부의 원조를 받아 금광 사업에 착수했다. 이미 광부나 마찬가지인 겐나이는 치치후 산중에서 금광석을 캐내 선별과 연마를 했다. 무슨 일이든지 가능한 겐나이는 그 기술도 귀동냥으로 알게 되었을 것이다.

처음부터 무슨 일이든 잘할 수 있고 공부한 만큼 내 것이 된다는 자신감과 실천, 그리고 노력이 없었다면 광산 사업까지 손대지는 않았을 것이다. 그는 자신감에 넘쳤다. 그러나 사업은 성공하지 못했고 금광은 3년 후에 폐광되었다.

그로부터 4년 후 치치후에서 또다시 광산 사업에 착수했지만 이 역시도 1년 만에 중단했다. 금광과 광산이 실패한 것은 채굴이 되지 않고 연마 기술도 미숙했기 때문이었다. 그러나 겐나이의 진가는 넘어져도 다시 일어나는 데 있다. 그는 다시 철을 연마하는 데 사용하는 목탄 장사를 시작할 생각이었다. 철을 에도로 운반하기 위해서는 아라카와(荒川)를 배로 건너는 루트가 있었다. 겐나이는 대규모 숯 제조 사업을 시작했고 이 루트로 목재를 에도로 실어와 큰돈을 벌었다.

광산 사업은 실패했지만 광부로서 꽤 알려진 그는 아키타(秋田) 지방으로 초빙되어 은산(銀山)의 재개발을 지도하기도 했다. 나가사키 유학 시절 광산 개발 기술에 대한 네덜란드 최신 지식을 입수하고, 에도로 돌아오는 도중 각지의 광산을 방문해 공부를 거듭한 덕분에 나름대로 광산 개발 전문가가 되어 있었다. 두 번이나 광산 개발에 도전한 것만 봐도 얼마나 광산에 대한 의욕이 넘쳤는지 잘 알 수 있다.

아키타에서는 각지의 광산을 조사하고 지시하며 광산 재개발을 성공시켰다. 그 대가로 백 냥을 받았는데 자신의 지시 덕분으로 광산은 일 년에 이만 냥의 이익을 올릴 수 있었다고 한다. 그 후 센다이(仙台) 지방 등지에서도 광산 개발 의뢰가 있었다. 이처럼 겐나이는 30대 후반부터 약 10년간에 걸쳐 광부로서 바쁜 날을 보냈다.

희극 작가

겐나이는 본초학 연구, 전시회 개최, 나가사키 유학, 화완포 제작, 도기 제작 계획, 모직물 제작, 마찰 기전기 복원, 그리고 광산 사업으로 아주 바쁜 나날을 보냈다. 그런 그가 소설과 에세이, 광고문, 조루리 극본 등의 집필 활동으로 더 바빠졌다.

그는 36세 가을에 후라이 산진(風來山人)이라는 필명으로 에도의 희작 문학 시초라 불리는 『근남지구좌』와 『풍류지도헌전』을 발표했다. 그때는 본초학의 대작인 『물류품평』을 완성한 직후의 일이었다. 한 권은 식물과 동물, 광물의 성질과 효능 및 인삼 재배법까지 사실에 따라 자세하게 기록한 학술서였다. 또 다른 한 권은 골계미를 위주로 세상을 풍자하면서 상상의 날개를 펼친 논픽션이었다. 이렇게 장르가 다른 세계가 하나의 머리 속에 동시에 공존한 예는 동서고금을 막론하고 찾아볼 수 없을 것이다.

그 외에도 다양한 사물이 공존한 겐나이의 머리는 대단히 교묘한 구조였음에 틀림없다. 그의 머리 속에는 서랍이 몇 개 있어서 다양한 내용물을 자유자재로 넣었다 뺐다 할 수 있었다. 바로 그것이 다른 사람은 흉내조차 낼 수 없는 그만의 특별한 재능이었다. 동시에 필요에 따라 새로운 서랍을 만들 수 있었던 것도 그의 장점이었다.

누군가 그에게 새로운 일을 부탁하거나 처음 보는 물건을 접하면 그는 그것을 자신의 재능에 대한 도전으로 받아들였다. 그래서 자신의 재능을 시험해 볼 절호의 찬스라 생각하며 열중했다. 마찰 기전기 복원이나 화완포 제작도 그런 이유가 계기가 되었다. 소설 집필도 겐나이가 살았던 간다의 시라카베(白壁) 마을의 유명한 출판사에서 재미있는 책을 하나 써달라는 부탁을 받고 시작한 일이었다. 이 출판사는 평소에 겐나이를 보고 그라면 재미있는 책을 쓸 수 있을 것이라고 기대했다. 한편 겐나이는 새로운 것에 도전하는 기분으로 그 제안을 받아들였다. 이렇게 해서 에도 시대의 새로운 문학이 탄생한 것이다.

첫 번째 작품인 『근남지구좌』는 가부키(歌舞伎) 배우가 스미다가와(隅田川)에서 바지락을 잡다가 물에 떠내려가 익사한 사건에서 힌트를 얻었다. 가부키 배우에게 첫눈에 반한 지옥의 염라대왕이 지상에 사신을 내려보내 이 배우를 지옥까지 데리고 온다는 내용으로 세상을 풍자하는 독특한 문체로 쓴 작품이다. 스토리의 기발함과 부조리가 자아내는 골계미가 있으며 그 속에 그려진 인물과 리얼리티는 현대의 독자가 봐도 충분히 재미있다.

두 번째 작품인 『풍류지도헌전』은 당시 유명한 야담가의 이야기를 전기 형식으로 쓴 공상 여행 소설이다. 정사(情事)를 수련하기 위해 일본 각지를 돌아다니던 주인공은 신선에게 받은 자유자재로 나는 날개 부채를 타고 온갖 이상한 나라를 돌아다닌다. 대인국, 소인섬, 다리가 긴 사람들이 사는 장각국, 손이 긴 사람들이 사는 장장국, 남녀 모두 가슴에 구멍이 뚫린 '천흉국(여기서는 가슴의 구멍에 막대기를 통과시켜서 사람을 운반한다), 노는 데 정신이 팔린 우텐쯔 국, 모든 사람이 어깨로 바람을 가르며 걷는 '칸섬, 돌팔이 의사만 있는 우의국, 시골 무사가 사는 무좌국 등을 돌아본 주인공은 청(淸)국의 계략에 빠져 마법의 날개 부채를 잃어버린다. 그 후 배를 타고 일본으로 돌아오던 중 다시 난파를 당해 여자들만 사는 여호섬으로 갔다가 우여곡절 끝에 일본으로 돌아온다. 일본에 돌아온 주인공은 야담가가 되어 자신의 파란만장한 여행 스토리를 이야기한다는 내용이다.

일본 판 『걸리버 여행기』 같은 작품으로 통렬한 사회 풍자 면에서도 『걸리버 여행기』와 공통점이 있다. 연구는 조금도 하지 않고 약에 대해서도 모르며 돈을 모으는 일과 노는 것에만

에도를 돌아다닌 만물상 히라가 겐나이

관심있는 의사를 비난하는 등 시원시원한 문장으로 쓰여 있다.

『근남지구좌』와 『풍류지도헌전』은 독자로부터 좋은 평가를 받았고 그 후 『근남지구좌후편』이 출판되어 이들 세 작품으로 겐나이는 에도 문학의 대가가 되었다. 그의 독특한 문체는 '히라가체'라 불리며 에도 문학에 큰 영향을 주었다. 그 가운데 문체와 아이디어가 적절히 조화를 이룬 히라가체의 대표작 『근남지구좌』는 개발과 건축 붐이 일던 당시의 세상을 희화한 것이었다. 작품 속에 적색 염료로 사용되는 소방목과 철을 연마하는 풀무가 등장하는 것을 보면 겐나이의 본초학과 광산에 대한 관심을 알 수 있다. 그리고 세상을 냉소적으로 바라보면서도 골계를 찾으려 하고 마음속에 모아둔 웃음을 표현하려는 작가의 정신이 넘치는 작품이다.

재미를 아는 사람

새 작품을 쓰기 위해 겐나이가 얼마나 많은 공부를 했는지 알려진 바는 없다. 그러나 일반적으로 소설가는 사회와 인간을 관찰하고 거기서 재미를 찾아내는 감각이 필요하다. 재미를 모르는 사람은 소설을 쓸 수도 없고 또 쓰고자 하는 마음도 없다.

다양한 분야에 관심을 기울인 겐나이는 모든 일에서 재미를 발견했으며 언제나 더 재미있는 일을 찾았다. 그런 의지야말로 인생을 즐겁고 풍요롭게 한다. 사람들이 대부분 그냥 지나치는 작은 신문 기사에서도 재미를 발견해 웃는 사람이 있다. 겐나이도 그런 재미를 아는 사람이었다는 것은 소설뿐만 아니라 그의 에세이를 통해서도 알 수 있다.

『방비론(放屁論)』이라는 에세이가 있다. 이것은 에도 양국(兩國)에 실제로 있었던 방비남(放屁男)이라는 공연을 취재한 것으로 이 방비남이 방귀로 닭과 물레방아와 불꽃 소리를 내는 모습을 자세히 묘사했다. 이런 공연을 보고 그 기록을 후세에 전할 수 있었던 것도 겐나이가 재미를 아는 사람이었기 때문이다. 물론 우스운 이야기를 쓴 것에 지나지 않지만 상당히 설득력있는 문장이었다.

이외에도 마라(魔羅)를 주인공으로 일본 역사를 그린 『위음은일전』이 있다. 그리고 말년에는 조루리의 대본을 집필하는 등 이 방면에서도 유명했다. 대표작 『신령시구도』를 비롯해 전부 아홉 편을 썼는데 기존 장르의 영역을 넓혔을 뿐이므로 조루리의 선구자라고는 할 수 없지만 유명한 작가의 한 사람이었다. 여기서도 그는 본초학 지식을 살려 밀서를 물에 넣으면 글자가 나타나거나 수은을 이용해 적의 목소리를 막는다는 장면을 넣었다.

  그리고 더욱 흥미로운 사실은 그런 문학적 재능을 살려 광고문을 제작했다는 것이다. 『히라가 겐나이 전집』을 보면 치약과 떡, 보리밥집 선전용 광고 문구가 있다. 그는 부탁을 받으면 거절을 못하는 성격이므로 아마도 자주 가는 떡집이나 보리밥집 주인이 부탁해 그 자리에서 생각나는 대로 썼을 것이다.

  광고 문구라는 것이 다소 우스꽝스럽기는 했지만 그래도 현대 유행 작가가 광고 문안을 쓰는 것과 마찬가지 일이다. 그런 의미에서 겐나이는 카피라이터의 원조라고도 할 수 있다. 에도 문학 연구가인 모리 센조(森銑三)는 '우리 나라 광고 문학의 역사를 만든다면 반드시 겐나이를 대서특필해야 한다'고 했다. 나 역시 동감한다.

공부는 인생을 풍요롭게 한다

  TV 시대극에 자주 등장하는 히라가 겐나이의 모습은 대체로 호기심 많은 가난한 실업자로 묘사된다. 하지만 그는 호기심은 많았지만 간다에 집도 한 채 있었으므로 결코 가난한 실업자는 아니었다. 여자보다 남자에 관심이 많았기 때문에 결혼도 하지 않았고 문하생과 하인을 두고 생활했다. 많은 지방 영주와 막부 인사들과 교류했으며 그런 사람들을 상대로 귀한 물품을 판매해서 수입을 올리기도 했다.

두 번째 나가사키 유학에서 꽤 많은 물품을 구입해 지방의 영주와 거상에게 팔면서도 '판다고 생각하지 않고 갖고 싶게 하도록 노력했다'고 한다. 또 약초 등의 감정이나 판매를 중개하는 일도 큰 수입원이 되었다. 약초와 진상품을 지방 동호회 회원들에게 분포하는 일도 했으니 가난한 실업자는커녕, 주머니 사정이 꽤 좋은 편이었다. 이렇게 돈을 모아서 시작한 일이 바로 치치후 광산 사업이었다.

그런데 사업도 실패하고 죽기 전까지 약 15년간의 생활은 '지옥에서 선악을 가르는 재판도 돈에 좌우된다'는 말처럼 한숨뿐이었다. 천재도 위인도 살기 위해서는 돈을 벌어야 한다. 조루리의 대본을 쓰기 시작한 것도 사실은 돈 때문이었다. 그러나 그것만으로는 그가 바라는 만큼의 생활 수준을 유지할 수 없었다. 생계를 유지하기 위한 방법이야말로 인간의 능력을 재는 바로미터다. 그래서 그는 다양한 돈벌이를 찾아 다녔다.

낡은 도구의 매매업을 한 적도 있고 약방을 열 계획도 세웠으며, 에도와 오사카에서 네덜란드 산 물품을 파는 가게를 만들 계획도 세웠다. 온도계는 과학적이고 기술적인 관심과는 별도로 모조품을 팔 생각이었던 것 같다. 그리고 심지어는 집에 5, 6명의 직원을 두고 가내 수공업 형식으로 장신구 제조 판매까지 하기에 이른다. 향나무에 은을 덮어 씌워 상아로 장식한 빗과 가죽같이 울퉁불퉁한 종이에 금박을 입힌 것처럼 색칠한 담배 케이스와 지갑을 제조했다. 둘 다 겐나이의 훌륭한 선전이 있었던 탓인지 비싼데도 잘 팔렸다고 한다.

그 외에도 '풍류의 모기 잡이'라는 희한한 물건도 고안했다. 말하자면 회전식 모기 잡는 장치인데 어떤 구조인지 알려져 있지는 않지만 이것을 '아마스트카토르'라는 요즘에도 있음직한 이름으로 팔았다고 한다. 잘 팔렸는지는 알 수 없지만 말이다.

겐나이라는 인물은 상당히 광범위한 분야에까지 머리를 쓰고 손을 댔다. 그 점에는 감탄할 뿐이다. 마지막으로 한 가지를 더 보면 그는 건축 공사·하청도 했다. 그의 일기에는 당시 목재 가격이 자세히 기록되어 있고 그것은 당시 물가를 알 수 있는 귀중한 자료가 된다. 동시에 지금부터 약 200년 전 에도에서는 소나무가 건축 자재로 많이 사용된 점도 알 수 있다.

겐나이의 죽음에는 여러 가지 설이 있는데 건축 공사 하청에 얽힌 트러블로 사람을 죽였다는 설이 유력하다. 그 후 체포된 겐나이는 옥중에서 병사했으며 52세의 다사다난한 생에 막을 내렸다. 에도를 돌아다닌 만물상으로서 너무 어이없는 의외의 결말이다.

그의 일생을 통해 나는 무엇이든 할 수 있다는 자신감이야말로 자신에게 있을지 모를 능력을 끄집어내는 흡인력이라는 사실을 깨달았다. 그리고 그런 자신감이 인생을 얼마나 풍부하게 하는지 알게 되었다. 보고 듣는 모든 것을 재미있다고 느낄 수 있는 감수성만 풍부하면 누구든지 인생을 즐길 수 있다. 모든 공부는 인생을 풍부하게 하고 즐기기 위해 하는 것 아닐까?

참고 문헌

『히라가 겐나이 전집』, 명저간행사.
『일본 고전 문학 대계 · 풍래산인집』, 이와나미 문고.
쵸 후쿠오 『히라가 겐나이 연구』, 소간사.
쵸 후쿠오 『히라가 겐나이』, 요시카와 홍문관.
하가 토오루 『히라가 겐나이』, 아사히신문사.
모리 센조 『히라가 겐나이 연구』, 『모리 센조 저작집』, 제1권 소유 쥬오 공론사.
우에노 마스조 『일본 박물학사』, 히라 본사.

에필로그

　천재와 공부, 이 두 가지는 다소 의외의 조합일지 모른다. 일반적으로 사람들은 천재는 선천적으로 보통 사람들과는 동떨어진 재능의 소유자라고 생각한다. 그래서 특별히 공부를 하지 않아도 역사에 길이 남을 대발명이나 발견을 하며 훌륭한 작품을 창조할 수 있는 사람으로 생각한다.

　그러나 천재로 불리는 사람들의 생애를 살펴보면 그들은 의외로 상당히 많은 공부를 했음을 알 수 있다. 처음부터 선천적인 재능이란 존재하지 않으며 말을 비롯해 인간이 가진 모든 재능과 감성은 학습을 통해 획득된 것이다. 이 점에서는 천재도 보통 사람과 전혀 다를 것이 없다. 또 천재라고 특별한 공부 방법이 있을 리도 없다. 보통 사람들이 아는 방법을 최대한 집중해서 할 뿐이다. 이처럼 마지막까지 집중하는 것이 가장 어렵다.

　또 여기서 말하는 공부는 학교 공부뿐만 아니라 태어나서부터 죽을 때까지 인간이 경험하는 거의 모든 것을 포함한다. 인간에게 공부는 살아가는 방법이다. 별로 좋은 교육을 못 받았기 때문에 공부가 싫어졌다는 사람도 있지만 원래 인간은 공부하기를 좋아하는 동물이다.

한편 천재라는 말에 반감을 느끼는 사람도 있다. 그러나 이 말은 편의상 쓰는 말에 불과하다. 많은 사람들이 이름을 알고 있으며 세상에 훌륭한 업적을 남긴 사람이라는 정도의 의미다. 그런 의미에서는 셀 수 없이 많은 천재가 있다.

그러나 이 책은 그중에서 불과 아홉 명을 뽑은 것에 지나지 않는다. 나는 이 책에서 천재론을 전개하려는 의도가 전혀 없다. 그저 자신만의 독특한 공부 방법을 펼친 재미있는 인물로서 내 머리에 떠오른 사람이 이 책에 나온 인물일 뿐이다.

나는 이 아홉 명의 공부 방법을 보고 부모의 소임이 매우 중요하다는 것을 느꼈다. 모차르트나 피카소, 그리고 채플린은 부모로부터 깊은 애정을 받으며 각자 자유롭게 재능을 펼칠 수 있는 좋은 환경 속에서 자랐다. 그 공부법은 어머니나 아버지의 노력에 의한 것이었다. 육아를 시작으로 하는 가정교육이 아이들의 재능과 감성 발달에 얼마나 중요한지 이들 천재를 보면 잘 알 수 있다.

또 이들 부모가 결코 공부하라는 말을 하지 않았다는 점도 흥미롭다. 그것은 천재들이 머리가 좋았기 때문은 아니다. 아이를 신뢰했기 때문이다. 신뢰야말로 아이의 잠재된 능력을 꽃피우는 태양과 같다. 부모로서 할 수 있는 최대의 일은 아이를 신뢰하는 것이 아닐까?

—1994년 4월 15일

상대를 한눈에 꿰뚫는다!!

한눈에 알게 되는 그와 그녀의 속 · 사정(事情)!

■ **한눈에 상대방의 심리를 꿰뚫어 보는 법**
캄바 와타루 지음 / 김진수 옮김 | 값 8,000원

궁금하지 않나요?
상대가 어떤 사람인지, 나를 어떻게 생각하는지.

알고 싶지 않나요?
자신의 행동이 타인에게 어떻게 비치는지.

바라지 않나요?
보다 예쁘게, 좀더 멋지게, 한층 더 의미 있게,
상대에게 다가가기를.

사소한 말과 동작에 나타나는 상대의 복잡한 심리!
간단히 파악하고 절묘하게 이용하여 처세의 달인이 되자!

도서출판 **청어람**   www.chungeoram.com   ● TEL : 032-656-4452/54   ● FAX : 032-656-4453   ● Email : eoram99@chol.com